El Diablo Mundo

Sección Clásicos

José de Espronceda:
El diablo mundo
El estudiante de Salamanca
Poesía

Edición y prólogo de
Jaime Gil de Biedma

El Libro de Bolsillo
Alianza Editorial
Madrid

Primera edición en "El Libro de Bolsillo": 1966
Segunda reimpresión en "El Libro de Bolsillo": 1987

© Alianza Editorial, S. A., Madrid, 1966, 1980, 1987
Calle Milán, 38, 28043 Madrid; teléf. 200 00 45
ISBN: 84-206-1029-1
Depósito legal: M. 9.266-1987
Papel fabricado por Sniace, S. A.
Impreso en Lavel. Los Llanos, nave 6. Humanes (Madrid)
Printed in Spain

# Prólogo

La vida de Espronceda presenta caracteres tan marcados y bizarros que sólo a segunda vista se advierte que no sabemos demasiado acerca de su persona, ni acerca de los factores que determinaron sus vicisitudes más sonadas. El Espronceda legendario, «erguido sobre el fondo de oro, fuego y humo de un dramático celaje de tempestad», según palabras de la Pardo Bazán, es desde luego un figurón convencional a quien uno admira de niño y ante quien, ya mayor, instintivamente adopta una actitud de desconfianza. Pero tampoco resulta mucho más convincente —aunque sí más repelente— el Espronceda pintado por Cascales, especie de chisgarabís que «si hubiera florecido en los comienzos del siglo XX habría sido socialista o anarquista, concluyendo en incondicional diputado ministerial, habría cultivado el modernismo y estrenado en Apolo o en el Español obras festivas o de tesis, y sus genialidades le harían famoso hasta que un cargo diplomático y una novia de distinguida familia, con la que se pensara casar, le convirtieran en el hombre más sensato y normal del mundo». Cascales, más afortunado erudito que apologista, interpreta a Espronceda y a la España de su época en términos de la sociedad falsamente liberal y burguesa de la Restauración alfonsina, en la que él vivía.

La verdad es que acerca de las ideas políticas de Espronceda sabemos menos de lo que podríamos saber [1]. Y que, aparte de lo que sus poemas dicen o sugieren, apenas sabemos nada de su intimidad moral y sentimental: parece significativo que las dos mujeres más importantes en su vida —su madre y Teresa Mancha— fuesen, cada una en su estilo, hembras de endiablado carácter y temperamento fuerte, pero carecemos de información suficiente para intentar ahondar en lo que fueron sus relaciones con ellas. En cuanto a la noción bastante extendida, sin duda por influjo de Cascales, del final aburguesamiento del poeta, baste con observar que no tuvo tiempo y que la muerte le salvó de sufrir las consecuencias de la desintegración del movimiento progresista español, iniciada muy pronto. Resulta imposible conjeturar cuál hubiera sido su actuación política después de los acontecimientos de 1842 y 1843, en los que los progresistas no sólo perdieron el poder, sino que en rigor dejaron ya de existir en cuanto fuerza revolucionaria: los muy distintos caminos que siguieron tres amigos suyos íntimos —Miguel de los Santos Alvarez, el Conde de las Navas y Luis González Brabo— son en este sentido una advertencia. Pero igualmente imposible resulta imaginar qué hubiera sido de la poesía esproncediana: cinco años después de su muerte el panorama poético había variado casi por completo. Espronceda queda así definitivamente identifi-

cado con un período muy definido de la historia
de España y, sobre todo, con la existencia en
nuestro país de un movimiento romántico: su poesía es la historia del romanticismo español.

Tal identificación no siempre ha contribuido a
fomentar el interés por su obra. Es juicio aceptado, y es muy posible que sea juicio cierto, que el
valor histórico del romanticismo español supera a
su valor puramente literario. Pero ha existido, además, en la tradición poética de nuestro siglo, una
cierta antipatía hacia la poesía romántica, a veces
muy acentuada. Y es que aunque los románticos
se proponían hacer de su obra, lo mismo que los
poetas posteriores, la expresión de una experiencia individual, y aunque esa experiencia —que en
última instancia no es otra que la de vivir en una
sociedad que nosotros llamamos industrial y ellos
llamaban prosaica— sustancialmente no haya variado, sí que han variado el valor y la significación que el poeta le atribuye y, en consecuencia,
la manera de formularla. Los románticos ven en
ella, precisamente porque son capaces de expresarla, la encarnación de la experiencia y de la
conciencia de la Humanidad, y, si son progresistas, como lo era nuestro poeta, de la Humanidad
en marcha, es decir: de la Sociedad. «La poesía
es la expresión del estado moral de la Sociedad»,
según afirmaba Espronceda en una de sus lecciones en El Liceo. El grito romántico, la famosa
sinceridad romántica tiene un carácter «público»
que, a despecho de ciertas ambigüedades retóricas, es por completo consciente, y si no aceptamos, siquiera durante el tiempo de la lectura,
la perspectiva en que el poeta se coloca con respecto a sí mismo, forzosamente nos parecerán
una muy inadecuada mistificación.

Dejando aparte El Diablo Mundo, la evolución
esproncediana viene dada en un puñado de poe-

mas escritos entre los veinticuatro y los treinta y dos años. Es, pues, ligeramente más tardía que la de la mayoría de los poetas románticos muertos como él en la flor de la edad, y lo breve del plazo no le dejó producir mucho, aunque una vez puesto en camino quemase las etapas. Leer el bello romance A la noche y leer después A Jarifa en una orgía es pasar de la poesía de otra época a una poesía que es esencialmente contemporánea nuestra, por muy inadecuada que pueda parecernos. De las piezas primeras, que son, cada una en su estilo, composiciones de asunto desarrolladas según un esquema genérico, hemos pasado a una poesía en la que el poema es, antes que nada, algo dicho por alguien en una determinada situación y en un cierto momento. Quién lo dice, a quién, dónde y cuándo y por qué, son ahora algo más que simples precisiones añadidas para dar a la representación literaria de los afectos humanos un viso de realidad: son los factores determinantes del poema, en su fondo y en su forma, de manera que tenemos ante nosotros una de las modalidades típicas de la lírica moderna, el monólogo dramático, *según denominación de Robert Langbaum. El mérito mayor de Espronceda consiste en haber comprendido en seguida que el romanticismo, antes que una moda, representaba un cambio fundamental en la concepción del poema.*

Poco interés a este respecto ofrecen, es verdad, sus primeros intentos a lo Ossian y a lo Walter Scott. Pero ya en una pieza mucho menos à la page, pues a la influencia ossiánica se mezclan en ella bastantes reminiscencias del neoclasicismo de sus mocedades, en el famoso Himno al sol, nos encontramos con una composición estructurada en movimientos —en el sentido en que este término se emplea en composición musical— cuyo desarrollo viene determinado por el discurso de los *sentimientos y pensamientos del protagonista, puesto en trance de contemplar el astro siempre renaciente, y que parecen organizarse según dos contradictorios impulsos de afinidad y antagonismo, resueltos por último en la visión de la muerte del sol, mentalmente anticipada por el poeta con una cierta satisfacción vengativa, pero a la vez con el terror de quien ve en ella una repetición, a escala cósmica, de la inexorable extinción de la propia conciencia y siente así redoblada su soledad.*

*La fase siguiente de la evolución del poeta, representada por las* Canciones, *queda en su conjunto un tanto oscurecida por el hecho de que una de ellas sea pieza obligada en todas las antologías. Y es que en* El Pirata *se ha conseguido una encantadora obra maestra: es una delicia ver cuán claramente queda delineada la anotación descriptiva de la escena en las dos octavillas octosilábicas, combinación métrico-estrófica que no se vuelve a repetir, pero a la que hacen eco todas las que se emplean a lo largo del poema. La polimetría ha sido aquí empleada con verdadero tino. Y deliciosa es también la facilidad con que el monólogo del pirata se ha convertido en canción. Esto es precisamente lo que no se ha logrado en* El Verdugo, *la más ambiciosa de todas: Espronceda es demasiado joven, y en cierto modo lo será hasta el fin de sus días, para saber tratar un tema ligera y seriamente. Mejor queda* El Mendigo, *aunque resulte extensa. En cuanto a* El Reo de muerte, *la más floja de todas ellas y que no recogemos en nuestra selección, no pasa de ser una estampa a la moda del momento, con todas las usuales agravantes de orgía, cadalso, fraile,* self-pity *y nocturnidad.*

*Casi todos los críticos coinciden en apreciar el garbo juvenil y la vivacidad con que el poeta se* ha apropiado unos personajes del más socorrido repertorio romántico. En los protagonistas de las Canciones —formas extremas todos ellos de la experiencia individual— hay un desplante, contra lo que sea, y una afirmación de sí mismos que son inconfundiblemente esproncedianos. Pero las tentativas del autor por elevarles a trasunto de la rebeldía humana, lo mismo que sus intenciones sociales al estilo de la poesía engagée francesa de alrededor de 1830, quedan en eso: en tentativas y en intenciones apenas incorporadas al resultado estético, bastante desigual por otra parte. Sólo El Estudiante de Salamanca, la obra más perfecta del romanticismo español, tan afín en lo temático y formal a las Canciones y tan infinitamente superior a ellas, logra la plena e inolvidable incorporación artística de esa significación que en los personajes anteriores pugnaba por expresarse. No es sólo que Don Félix, «almendra españolísima de todos los donjuanes», como le llamó Antonio Machado, nos resulta de inmediato convincente en su capacidad de burlador —gracias al maravilloso garbo con que está trazado su retrato, a la elegante insolencia de su diálogo con don Diego y de sus galanteos al fantasma de la pobre Elvira—, sino que gradualmente le vemos levantarse, según progresa la alucinante secuencia final, a su verdadera última dimensión, grandioso y pintoresco mestizaje de superseñorito y de titán. Si don Félix es trasunto de Espronceda lo es, ante todo, por serlo de nuestra condición humana y de nuestra condición de españoles.

Acaso sea una lástima que la obra más perfecta y acabada de Espronceda se inscriba en un género poético —el cuento o leyenda— que hoy por hoy nos resulta bastante remoto. Aun así, una comparación con El Pelayo —su juvenil tentativa de poema épico, tan sumisa a los dictados del gusto de don Alberto Lista— sirve para mostrarnos cuánta mayor proximidad, cuánto más carácter de historia contada de viva voz desde una perspectiva particular tiene El Estudiante, a despecho de su aparente impersonalidad narrativa. La obra es además importante porque señala el pase a primer plano de un tema poético, insinuado ya en el soneto A una rosa, que se convertirá en una de las dimensiones fundamentales de la obra esproncediana posterior, quizá como consecuencia del desastroso final de sus amores con Teresa. En este sentido, «la desdichada Elvira» es algo más que un tipo femenino ideal y que un trasunto —al igual que don Félix— de las ideas de su creador acerca de la condición humana: es también, en última instancia, figura del mismo Espronceda. En la conjunción de esos dos caracteres —Elvira, a quien la pérdida de la ilusión amorosa enloquece y mata, Montemar, que «ni el porvenir temió nunca ni recuerda lo pasado» y que muere estrujado por el esqueleto de su víctima— encontramos, desde luego, una formulación bien romántica del conflicto entre el sueño de una perdida felicidad inocente, que aflige a todos los humanos, y la insaciable, rebelde sed de experiencia, impulsora del progreso de la humanidad. Pero esa visión universal se alumbra desde una muy concreta perspectiva: la de Espronceda al borde de la treintena, solicitado a cada paso por la nostalgia de la ilusión panerótica adolescente, por la añoranza de la muerte, y, a la vez, por la increíble y simpática vitalidad que no le abandonará nunca.

La formulación lírica de ese conflicto, a un tiempo personal y universal, la encontramos en los dos famosos monólogos A una estrella y A Jarifa en una orgía. El primero de ellos, «poema de desesperanza y melancolía, con cierto vaivén simbolista o traslado del sentimiento personal al objeto *y vuelta de este al autor»*, según palabras de Moreno Villa, es el que resultará más afín a la mayoría de los lectores de hoy, precisamente porque el conflicto ha sido casi por completo eludido y porque el objeto al cual el protagonista se dirige, y al que convierte en proyección o símbolo de su propio sentimiento, es fácilmente reducible a ese tipo de realidad subjetiva. El mismo mecanismo descrito por Moreno Villa opera en el otro poema y, sin embargo, A Jarifa, superior en muchos aspectos y mucho más ambicioso, resulta hoy casi inevitablemente antipático, y no sólo porque en ese tratamiento literario de la mujer caída —tan prodigado entonces y después— nos sentimos inclinados a adivinar un cierto prurito de épater le bourgeois. Ocurre sobre todo que la simbolización se efectúa aquí en un ser humano, poseedor de una realidad extrapoética bien definida, con el cual está enfrentado además el protagonista del modo más inmediato y dramático, y parece indudable que la dualidad en que se funda la concepción poética —Jarifa, persona humana, y Jarifa, símbolo o figura del protagonista— no alcanza a desarrollarse satisfactoriamente. El poema peca de exceso de intensidad y de falta de matización en la formulación del sentimiento.*

*Esa misma falta de matización oscurece el más famoso poema esproncediano, el hermosísimo Canto a Teresa. Ello, juntamente con el título y la circunstancia de que el autor lo calificase de «desahogo de mi corazón» induce casi siempre a leerlo como simple expresión de apasionado despecho y pesar por el fracaso de sus amores y por la desdichada muerte de Teresa. Visto así, resulta de una tan patente incoherencia moral que las críticas de Valera y la hipótesis de Mir y de Cascales de que el poema fue compuesto en dos etapas distintas nos parecen descaminadas pero ex-*

cusables. Ahora bien, de lo que en realidad se trata es de la «historia del corazón» de Espronceda formulada en términos de sus ideas acerca de la condición humana, a cuya ilustración aquella se presta muy bien. Teresa, que no aparece hasta que la elegía va casi mediada, es a la vez símbolo de las ilusiones paneróticas adolescentes y del trágico destino de la rebelde condición humana: lo mismo que la rosa, que don Félix y Elvira, que la estrella y que Jarifa, una figuración poética mediante la cual intenta Espronceda formular lo que para él constituye su fundamental experiencia de la vida. Ello aclara por qué la explicación del fracaso amoroso queda escamoteada tras una generalidad y lo que a primera vista parece un desagradable encarnizamiento contra su antigua querida: las causas reales del desengaño amoroso de Pepe Espronceda y Teresa Mancha poéticamente no le interesan. Pero la persona humana, así desposeída de su específica realidad, se venga haciendo que la formulación de los sentimientos del poeta resulte inadecuada y moralmente incoherente. El Canto a Teresa, tan cerca como está de ser una de las más profundas elegías escritas en nuestra lengua, ilustra admirablemente la valentía y las limitaciones de Espronceda y, en general, de la actitud poética a través de la cual intentan los románticos formular su experiencia.

El Diablo Mundo es, precisamente, un muy romántico intento de superación de esas limitaciones. Y aunque quedara poco más que comenzado, no cabe duda de que representa un interesantísimo desarrollo de la temática esproncediana y un progreso que no siempre ha sido bien entendido. En la desesperación y en la nostalgia del anciano don Pablo, en su sobrenatural metamorfosis en un hombre nuevo, el eternamente joven Adán, radiante de ilusiones y sediento de la experiencia y *el poder que inevitablemente acabarán por destruirlas, encontramos otra formulación, a escala muchísimo mayor, del conflicto expresado en los poemas anteriores. Es esta obra, según palabras de una anónima reseña de la época, «un íntimo análisis de la existencia moral» y así se explica la inclusión del* Canto a Teresa, *aparentemente inconexo. Cuál hubiera sido el sentido último de tal análisis sólo puede conjeturarse, y para ello nos sirve de indicio la evidente variación en el tono y la actitud. La desesperación y la nostalgia tienden a transformarse en desengañada ironía —un tanto forzada a veces, es verdad—, en una como aceptación de la condición humana y en una mayor comprensión poética del mundo y la sociedad reales en que la experiencia individual se produce. ¡Cuánto más convincentes resultan, por ejemplo, en lo que se refiere al amor de hombre y mujer, la escena entre Adán y Salada, en el Cuadro II del Canto V, y las seis octavas que la preceden, que todo cuanto se dice en el* Canto a Teresa! *Si Espronceda, a fuer de poeta romántico, sigue viendo en su experiencia individual la encarnación de la experiencia y la conciencia de la Humanidad —la sinfónica Introducción es muy explícita a este respecto—, ahora conoce bastante bien la distancia a que se coloca de su propia persona para poder verse así; más aún: el conocimiento de esa distancia se ha convertido en fuente de efectos poéticos.*

*Lo mismo que el* Don Juan *de Byron,* El Diablo Mundo *aspira a ser a la vez un poema épico y un monólogo personal. Y al expresar poéticamente su particular persona, Espronceda consigue hacer verdadera poesía de crítica social, como no lo había conseguido en las* Canciones, *y poesía política a un nivel de experiencia —y de eficacia— en que sólo ocasionalmente se había situado con anterio-*

ridad: el ataque a los moderados (*DM. Canto III*) es el ataque feroz y directo de un inteligente hombre de partido, no la hipertrofia típicamente romántica de la función poética, hasta convertirla en sumo sacerdocio de la Humanidad, la Libertad y el Progreso. A pesar de sus fallos y del innegable matiz provinciano de sus pretensiones trascendentales, *El Diablo Mundo* es sin duda la obra más interesante del romanticismo español, merecedora de un puesto de honor en la historia de nuestra poesía que actualmente no muchos le otorgan.

Acaso ello se deba a que la lectura de Espronceda, hoy, requiere una pequeña dosis de buena voluntad inicial. Hemos de empezar por reeducar nuestro oído, acostumbrado a una música verbal diferente, y por efectuar un reajuste de nuestra actitud lectora, puesto que el tipo de participación que se nos pide no es exactamente el mismo a que estamos habituados. La más expeditiva vía de aproximación podría ser la sugerida por Moreno Villa: rastrear en sus versos acentos, modos de sentir y de decir que nos recuerdan a la mejor poesía posterior. Muy pronto advertimos cuán cerca de Espronceda ha permanecido nuestra tradición poética hasta la aparición de la generación de 1927. El romance de la locura de Elvira, tan neoclásico en sus comienzos, ¿no parece acercarse gradualmente al joven Juan Ramón Jiménez, sobre todo en los dos versos finales? Léase también el maravilloso cántico de la Muerte (*DM. Canto I*), tan afín a Antonio Machado en más de un aspecto. Y anticipados ecos del otro Machado, de Manuel, hay muchos.

Es indudable, por otra parte, que la tendencia a la ironía y al coloquialismo predominante en la segunda mitad del siglo XIX —tendencia que hoy consideramos con renovado interés, por más que sus frutos fueron demasiado a menudo triviales—

*está ya apuntada en* El Diablo Mundo. *Cierto que son pocos los pasajes en los que el uso coloquial de la lengua está llevado al grado de intensidad poética que adquiere en los mejores momentos de Bécquer: el sonsonete métrico y consonántico frecuentemente apaga la melodía de la frase, y en una poesía que se quiere irónica o coloquial la justa y modulada melodía de la frase es condición primera. Lo mismo que la mayoría de los románticos españoles, Espronceda maneja los metros cortos y la asonancia con una versatilidad, una naturalidad y una justeza de tono que no siempre le acompañan cuando versifica en arte mayor y rima consonante: la escasez de encabalgamientos y de pausas interiores y la pausa demasiado fuerte a final de verso hacen que este tienda insensiblemente a constituirse en unidad de sentido, a la manera clásica francesa. Finalmente es una lástima que nuestro poeta, no sé si contagiado por el* Don Juan de Byron, *escogiera la octava real —que en lengua castellana se presta a la parodia heroico-burlesca, pero de ninguna manera a la ironía y la reflexión— como vehículo de muchas de sus digresiones. Las escritas en silva resultan casi siempre más justas en el tono y la andadura.*

*Nunca, ni siquiera en los años en que menos se le ha estimado, han dejado de reconocerse en Espronceda ciertas cualidades. La sensibilidad —tan nueva— para la captación de esa voz secreta que* «sólo el alma recogida entiende», *el don inventivo de melodías verbales —más raro en nuestra poesía de lo que suele creerse—, la nerviosa eficacia narrativa y descriptiva, el casi infalible sentido de la caracterización del personaje... Cualidades bastantes, y sobradas. Guste o no guste —y posiblemente irá gustando más según pierdan vigencia los supuestos estéticos que, de modo más o me-*

*nos explícito, han informado la poesía y la crítica de poesía españolas durante los últimos cuarenta años—, Espronceda es en nuestra lengua el primer poeta contemporáneo. Cuando se piensa que ese paso fue dado en muy pocos años, con toda naturalidad, por un escritor con una experiencia vital y literaria intensa, sin duda, pero bastante limitada, uno se siente penetrado de una saludable admiración por su persona y por su obra. Llegar a concebir y escribir así la poesía era, acaso se diga, un imperativo de la época, pero los imperativos de una época muchas veces quedan incumplidos. Y las conquistas de Espronceda son lo bastante sólidas como para que una parte importante de la poesía española posterior se haya fundado en ellas.*

*Jaime Gil de Biedma*

**Poesía** [2]

# A la noche
*Romance*

¡Salve, oh tú, noche serena,
Que el mundo velas augusta,
Y los pesares de un triste
Con tu oscuridad endulzas!

El arroyuelo a lo lejos
Más acallado murmura,
Y entre las ramas el aura
Eco armonioso susurra.

Se cubre el monte de sombras
Que las praderas anublan,
Y las estrellas apenas
Con trémula luz alumbran.

Melancólico rüido
Del mar las olas murmuran,
Y fatuos, rápidos fuegos
Entre sus aguas fluctúan.

El majestüoso río
Sus claras ondas enluta
Y los colores del campo
Se ven en sombra confusa.

Al aprisco sus ovejas
Lleva el pastor con presura,
Y el labrador impaciente
Los pesados bueyes punza.

En sus hogares le esperan
Su esposa y prole robusta,
Parca cena preparada
Sin sobresalto ni angustia.

Todos süave reposo
En tu calma, ¡oh noche!, buscan,
Y aun las lágrimas tus sueños
Al desventurado enjugan.

¡Oh qué silencio! ¡oh qué grata
oscuridad y tristura!
¡Cómo el alma contemplaros
En sí recogida gusta!

Del mustio agorero búho
El ronco graznar se escucha,
Que el magnífico reposo
Interrumpe de las tumbas.

Allá en la elevada torre
Lánguida lámpara alumbra,
Y en derredor negras sombras,
Agitándose, circulan.

Mas ya el pértigo de plata
Muestra naciente la luna,
Y las cimas del otero
De cándida luz inunda.

Con majestad se adelanta
Y las estrellas ofusca,
Y el azul del alto cielo
Reverbera en lumbre pura.

Deslízase manso el río,
Y su luz trémula ondula
En sus aguas retratada,
Que, terso espejo, relumbran.

Al blando batir del remo
Dulces cantares se escuchan
Del pescador, y su barco
Al plácido rayo cruza.

El ruiseñor a su esposa
Con vario cántico arrulla,
Y en la calma de los bosques
Dice él solo sus ternuras.

Tal vez de algún caserío
Se ve subir en confusas
Ondas el humo, y por ellas
Entreclarear la luna.

Por el espeso ramaje
Penetrar sus rayos dudan,
Y las hojas que los quiebran,
Hacen que tímidos luzcan.

Ora la brisa süave
Entre las flores susurra,
Y de sus gratos aromas
El ancho campo perfuma.

Ora acaso en la montaña
Eco sonoro modula
Algún lánguido sonido,
Que otro á imitar se apresura.

Silencio, plácida calma
A algún murmullo se juntan
Tal vez, haciendo más grata
La faz de la noche oscura.

¡Oh! salve, amiga del triste,
Con blando bálsamo endulza
Los pesares de mi pecho,
Que en ti su consuelo buscan.

# Endecha

Suave es tu sonrisa, amada mía,
Más dulce tú para mi amante pecho
Que en la noche sombría
El tibio rayo de la blanca luna,
Si al tímido viajero,
Tras tempestad horrenda,
Muestra radiante la perdida senda.

Tú mi divinidad: yo a ti rendido,
Extático en tu faz miro mi cielo
Y en amor encendido,

El más feliz de los mortales todos,
Disfruto tus caricias,
Y tierno te enamoro,
Y pagado en amor feliz te adoro.

   Yo enjugo el llanto que en tus bellos ojos
Brotó acaso el pesar, yo en alegrías
Trueco tristes enojos,
Y yo en tus labios de rubí encendido
Recojo enajenado
Tu lánguido suspiro
Y tu aliento purísimo respiro.


## A la muerte de Torrijos y sus compañeros

Helos allí: junto a la mar bravía
Cadáveres están, ¡ay!, los que fueron
Honra del libre, y con su muerte dieron
Almas al cielo, a España nombradía.

   Ansia de patria y libertad henchía
Sus nobles pechos que jamás temieron,
Y las costas de Málaga los vieron
Cual sol de gloria en desdichado día.

   Españoles, llorad; mas vuestro llanto
Lágrimas de dolor y sangre sean,
Sangre que ahogue a siervos y opresores.

   Y los viles tiranos, con espanto,
Siempre delante amenazando vean
Alzarse sus espectros vengadores.

## A una rosa

   Fresca, lozana, pura y olorosa,
Gala y adorno del pensil florido,
Gallarda puesta sobre el ramo erguido,
Fragancia esparce la naciente rosa;

   Mas si el ardiente sol lumbre enojosa
Vibra del can en llamas encendido,
El dulce aroma y el color perdido,
Sus hojas lleva el aura presurosa.

   Así brilló un momento mi ventura
En alas del amor, y hermosa nube
Fingí tal vez de gloria y de alegría;

   Mas, ¡ay!, que el bien trocóse en amargura,
Y deshojada por los aires sube
La dulce flor de la esperanza mía.

## A un ruiseñor

   Canta en la noche, canta en la mañana,
Ruiseñor, en el bosque tus amores;
Canta, que llorará cuando tú llores
El alba perlas en la flor temprana.

   Teñido el cielo de amaranto y grana,
La brisa de la tarde entre las flores
Suspirará también a los rigores
De tu amor triste y tu esperanza vana.

   Y en la noche serena, al puro rayo
De la callada luna, tus cantares
Los ecos sonarán del bosque umbrío.

Y vertiendo dulcísimo desmayo,
Cual bálsamo süave en mis pesares,
Endulzará tu acento el llanto mío.

## A Carmen de Osorio dedicándole sus poesías

Marchitas ya las juveniles flores,
Nublado el sol de la esperanza mía,
Hora tras hora cuento, y mi agonía
Crece con mi ansiedad y mis dolores.

Sobre terso cristal ricos colores
Pinta alegre tal vez mi fantasía,
Cuando la triste realidad sombría
Mancha el cristal y empaña sus fulgores.

Los ojos vuelvo en incesante anhelo,
Y gira en torno indiferente el mundo,
Y en torno gira indiferente el cielo.

A ti las quejas de mi amor profundo,
Hermosa sin ventura, yo te envío:
Mis versos son tu corazón y el mío.

## Al sol

Para y óyeme, ¡oh sol!, yo te saludo,
Y extático ante ti me atrevo a hablarte:
Ardiente como tú mi fantasía,
Arrebatada en ansia de admirarte,
Intrépidas a ti sus alas guía.
¡Ojalá que mi acento poderoso,
Sublime resonando,
Del trueno pavoroso
La temerosa voz sobrepujando,

¡Oh sol!, a ti llegara
Y en medio de tu curso te parara!
¡Ah! Si la llama que mi mente alumbra
Diera también su ardor a mis sentidos;
Al rayo vencedor que los deslumbra,
Los anhelantes ojos alzaría,
Y en tu semblante fúlgido atrevidos,
Mirando sin cesar, los fijaría.
¡Cuánto siempre te amé, sol refulgente!
¡Con qué sencillo anhelo,
Siendo niño inocente,
Seguirte ansiaba en el tendido cielo,
Y extático te veía
Y en contemplar tu luz me embebecía!

De los dorados límites de Oriente
Que ciñe el rico en perlas Oceano,
Al término sombroso de Occidente,
Las orlas de tu ardiente vestidura
Tiendes en pompa, augusto soberano,
Y el mundo bañas en tu lumbre pura,
Vívido lanzas de tu frente el día,
Y, alma y vida del mundo,
Tu disco en paz majestuoso envía
Plácido ardor fecundo,
Y te elevas triunfante,
Corona de los orbes centellante.
Tranquilo subes del cenit dorado
Al regio trono en la mitad del cielo,
De vivas llamas y esplendor ornado,
Y reprimes tu vuelo:
Y desde allí tu fúlgida carrera
Rápido precipitas,
Y tu rica encendida cabellera
En el seno del mar trémula agitas,
Y tu esplendor se oculta,
Y el ya pasado día
Con otros mil la eternidad sepulta.

¡Cuántos siglos sin fin, cuántos has visto
En su abismo insondable desplomarse!
¡Cuánta pompa, grandeza y poderío
De imperios populosos disiparse!
¿Qué fueron ante ti? Del bosque umbrío
Secas y leves hojas desprendidas,
Que en círculo se mecen
Y al furor de Aquilón desaparecen.
Libre tú de la cólera divina
Viste anegarse el universo entero
Cuando las aguas por Jehová lanzadas,
Impelidas del brazo justiciero
Y a mares por los vientos despeñadas,
Bramó la tempestad: retumbó en torno
El ronco trueno y con temblor crujieron
Los ejes de diamante de la tierra:
Montes y campos fueron
Alborotado mar, tumba del hombre.
Se estremeció el profundo;
Y entonces tú, como señor del mundo,
Sobre la tempestad tu trono alzabas,
Vestido de tinieblas,
Y tu faz engreías
Y a otros mundos en paz resplandecías.
Y otra vez nuevos siglos
Viste llegar, huir, desvanecerse
En remolino eterno, cual las olas
Llegan, se agolpan y huyen de Oceano,
Y tornan otra vez a sucederse;
Mientra inmutable tú, sólo y radiante,
¡Oh sol!, siempre te elevas,
Y edades mil y mil huellas triunfante.

¿Y habrás de ser eterno, inextinguible,
Sin que nunca jamás tu inmensa hoguera
Pierda su resplandor, siempre incansable,
Audaz siguiendo tu inmortal carrera,
Hundirse las edades contemplando,

Y solo, eterno, perenal, sublime,
Monarca poderoso, dominando?
No; que también la muerte,
Si de lejos te sigue,
No menos anhelante te persigue.
¿Quién sabe si tal vez pobre destello
Eres tú de otro sol que otro universo
Mayor que el nuestro un día
Con doble resplandor esclarecía?

   Goza tu juventud y tu hermosura,
¡Oh sol!, que cuando el pavoroso día
Llegue que el orbe estalle y se desprenda
De la potente mano
Del Padre soberano,
Y allá a la eternidad también descienda,
Deshecho en mil pedazos, destrozado
Y en piélagos de fuego
Envuelto para siempre y sepultado,
De cien tormentas al horrible estruendo,
En tinieblas sin fin tu llama pura
Entonces morirá: noche sombría
Cubrirá eterna la celeste cumbre:
Ni aun quedará reliquia de tu lumbre.

## Canción del pirata

   Con diez cañones por banda,
Viento en popa a toda vela,
No corta el mar, sino vuela
Un velero bergantín:
   Bajel pirata que llaman
Por su bravura el *Temido,*
En todo mar conocido
Del uno al otro confín.

   La luna en el mar rïela,
En la lona gime el viento,

Ni bandera
De esplendor,
Que no sienta
Mi derecho
Y dé pecho
A mi valor.

»*Que es mi barco mi tesoro,*
*Que es mi Dios la libertad,*
*Mi ley la fuerza y el viento,*
*Mi única patria, la mar.*

»A la voz de «¡barco viene!»
Es de ver
Cómo vira y se previene
A todo trapo a escapar:
Que yo soy el rey del mar,
Y mi furia es de temer.

»En las presas
Yo divido
Lo cogido
Por igual:
Sólo quiero
Por riqueza
La belleza
sin rival.

»*Que es mi barco mi tesoro,*
*Que es mi Dios la libertad,*
*Mi ley la fuerza y el viento,*
*Mi única patria la mar.*

»¡Sentenciado estoy a muerte!
Yo me río:
No me abandone la suerte,
Y al mismo que me condena,
Colgaré de alguna entena,
Quizá en su propio navío.

Y alza en blando movimiento
Olas de plata y azul.

 Y ve el capitán pirata,
Cantando alegre en la popa,
Asia a un lado, al otro Europa
Y allá a su frente Stambul.


«Navega, velero mío,
Sin temor,
Que ni enemigo navío,
Ni tormenta, ni bonanza
Tu rumbo a torcer alcanza,
Ni a sujetar tu valor.

»Veinte presas
Hemos hecho
A despecho
Del inglés,
Y han rendido
Sus pendones
Cien naciones
A mis pies

*»Que es mi barco mi tesoro,*
*Que es mi Dios la libertad,*
*Mi ley la fuerza y el viento,*
*Mi única patria la mar.*

»Allá muevan feroz guerra
Ciegos reyes
Por un palmo más de tierra:
Que yo tengo aquí por mío
Cuanto abarca el mar bravío,
A quien nadie impuso leyes.

»Y no hay playa,
Sea cualquiera,

»Y si caigo
¿Qué es la vida?
Por perdida
Ya la di,
Cuando el yugo
Del esclavo
Como un bravo
Sacudí.

*»Que es mi barco mi tesoro,*
*Que es mi Dios la libertad,*
*Mi ley la fuerza y el viento*
*Mi única patria la mar.*

»Son mi música mejor
Aquilones,
El estrépido y temblor
De los cables sacudidos,
Del negro mar los bramidos
Y el rugir de mis cañones.

»Y del trueno
Al son violento
Y del viento
Al rebramar
Yo me duermo
Sosegado
Arrullado
Por el mar.

*»Que es mi barco mi tesoro,*
*Que es mi Dios la libertad,*
*Mi ley la fuerza y el viento,*
*Mi única patria la mar.»*

## El mendigo

*Mío es el mundo: como el aire libre*
*Otros trabajan porque coma yo;*
*Todos se ablandan si doliente pido*
*Una limosna por amor de Dios.*

El palacio, la cabaña
Son mi asilo,
Si del ábrego el furor
Troncha el roble en la montaña,
O que inunda la campaña
El torrente asolador.

Y a la hoguera
Me hacen lado
Los pastores
Con amor.
Y sin pena
Y descuidado
De su cena
Ceno yo,
O en la rica
Chimenea,
Que recrea
Con su olor,
Me regalo
Codicioso
Del banquete
Suntuoso
Con las sobras
De un señor.

Y me digo: el viento brama,
Caiga furioso turbión;
Que al son que cruje de la seca leña,
Libre me duermo sin rencor ni amor.

*Mío es el mundo: como el aire libre,
Otros trabajan porque coma yo;
Todos se ablandan si doliente pido
Una limosna por amor de Dios.*

Todos son mis bienhechores,
Y por todos
A Dios ruego con fervor;
De villanos y señores
Yo recibo los favores
Sin estima y sin amor.

Ni pregunto
Quiénes sean,
Ni me obligo
A agradecer;
Que mis rezos
Si desean,
Dar limosna
Es un deber.
Y es pecado
La riqueza:
La pobreza
Santidad:
Dios a veces
Es mendigo,
Y al avaro
Da castigo,
Que le niegue
Caridad.

Yo soy pobre y se lastiman
Todos al verme plañir,
Sin ver son mías sus riquezas todas,
Que mina inagotable es el pedir.

*Mío es el mundo: como el aire libre,
Otros trabajan porque coma yo;*

*Todos se ablandan si doliente pido
Una limosna por amor de Dios.*

Mal revuelto y andrajoso,
Entre harapos
Del lujo sátira soy,
Y con mi aspecto asqueroso
Me vengo del poderoso
Y adonde va, tras él voy.

Y a la hermosa
Que respira
Cien perfumes,
Gala, amor,
La persigo
Hasta que mira,
Y me gozo
Cuando aspira
Mi punzante
Mal olor.
Y las fiestas
Y el contento
Con mi acento
Turbo yo,
Y en la bulla
Y la alegría
Interrumpen
La armonía
Mis harapos
Y mi voz:

Mostrando cuán cerca habitan
El gozo y el padecer,
Que no hay placer sin lágrimas, ni pena
Que no transpire en medio del placer.

*Mío es el mundo: como el aire libre,
Otros trabajan porque coma yo;*

*Todos se ablandan si doliente pido*
*Una limosna por amor de Dios.*

Y para mí no hay *mañana*,
Ni hay *ayer;*
Olvido el bien como el mal,
Nada me aflige ni afana;
Me es igual para mañana
Un palacio, un hospital.

Vivo ajeno
De memorias,
De cuidados
Libre estoy;
Busquen otros
Oro y glorias,
Yo no pienso
Sino en hoy.
Y do quiera
Vayan leyes,
Quiten reyes,
Reyes den;
Yo soy pobre,
Y al mendigo,
Por el miedo
Del castigo,
Todos hacen
Siempre bien.

Y un asilo donde quiera
Y un lecho en el hospital
Siempre hallaré, y un hoyo donde caiga
Mi cuerpo miserable al espirar.

*Mío es el mundo: como el aire libre,*
*Otros trabajan porque coma yo;*
*Todos se ablandan si doliente pido*
*Una limosna por amor de Dios.*

# El verdugo

De los hombres lanzado al desprecio,
De su crimen la víctima fuí,
Y se evitan de odiarse á sí mismos
Fulminando sus odios en mí.
        Y su rencor
Al poner en mi mano, me hicieron
        Su vengador;
        Y se dijeron:
«Que nuestra vergüenza común caiga en él;
Se marque en su frente nuestra maldición.
Su pan amasado con sangre y con hiel,
Su escudo con armas de eterno baldón
        Sean la herencia
        Que legue al hijo,
        El que maldijo
        La sociedad.»
        ¡Y de mí huyeron,
De sus culpas el manto me echaron,
Y mi llanto y mi voz escucharon
        Sin piedad!

Al que a muerte condena le ensalzan...
¿Quién al hombre del hombre hizo juez?
¿Qué no es hombre ni siente el verdugo
Imaginan los hombres tal vez?
        ¡Y ellos no ven
Que yo soy de la imagen divina
        Copia también!
        Y cual dañina
Fiera a que arrojan un triste animal,
Que ya entre sus dientes se siente crujir,
Así á mí, instrumento del genio del mal,
Me arrojan el hombre que traen á morir.

          Y ellos son justos,
          Yo soy maldito;
          Yo sin delito
          Soy criminal:
          Mirad al hombre
Que me paga una muerte: el dinero
Me echa al suelo con rostro altanero,
          ¡A mí, su igual!

   El tormento que quiebra los huesos
Y del reo el histórico *¡ay!*
Y el crujir de los nervios rompidos
Bajo el golpe del hacha que cae,
          Son mi placer.
Y al rumor que en las piedras rodando
          Hace, al caer,
          Del triste saltando
La hirviente cabeza de sangre en un mar,
Allí entre el bullicio del pueblo feroz
Mi frente serena contemplan brillar,
Tremenda, radiante con júbilo atroz.
          Que de los hombres
          En mí respira
          Toda la ira,
          Todo el rencor:
          Que a mí pasaron
La crueldad de sus almas impía,
Y al cumplir su venganza y la mía,
          Gozo en mi horror.

   Ya más alto que el grande que altivo
Con sus plantas hollara la ley
Al verdugo los pueblos miraron,
Y mecido en los hombros de un rey:
          Y en él se hartó,
Embriagado de gozo aquel día
          Cuando expiró;
          Y su alegría

Su esposa y sus hijos pudieron notar;
Que en vez de la densa tiniebla de horror,
Miraron la risa su labio amargar,
Lanzando sus ojos fatal resplandor.
        Que el verdugo
        Con su encono
        Sobre el trono
        Se asentó:
        Y aquel pueblo
Que tan alto le alzara bramando,
Otro rey de venganzas, temblando,
        En él miró.

  En mí vive la historia del mundo
Que el destino con sangre escribió,
Y en sus páginas rojas Dios mismo
Mi figura imponente grabó.
        La eternidad
Ha tragado cien siglos y ciento,
        Y la maldad
        Su monumento
En mí todavía contempla existir;
Y en vano es que el hombre do brota la luz
Con viento de orgullo pretenda subir:
¡Preside el verdugo los siglos aún!
        Y cada gota
        Que me ensangrienta,
        Del hombre ostenta
        Un crimen más.
        Y yo aún existo,
Fiel recuerdo de edades pasadas,
A quien siguen cien sombras airadas
        Siempre detrás.

  ¡Oh! ¿por qué te ha engendrado el verdugo,
Tú, hijo mío, tan puro y gentil?
En tu boca la gracia de un ángel
Presta gracia á tu risa infantil.

¡Ay! tu candor,
Tu inocencia, tu dulce hermosura
           Me inspira horror.
        ¡Oh! ¿tu ternura,
Mujer, a qué gastas con ese infeliz?
¡Oh! muéstrate madre piadosa con él:
Ahógale y piensa será así feliz.
¿Qué importa que el mundo te llame cruel?
           ¿Mi vil oficio
           Querrás que siga,
           Que te maldiga
           Tal vez querrás?
           Piensa que un día
Al que hoy miras jugar inocente,
Maldecido cual yo y delincuente
           También verás!!!!


## Fragmento

Y a la luz del crepúsculo serena
Solos vagar por la desierta playa
Cuando allá, mar adentro, en su faena,
Cantos de amor el marinero ensaya,
Y besa blandamente el mar la arena,
La luna en calma al horizonte raya,
Y la brisa que tímida suspira
Dulces aromas y frescor respira,

Y húmedos ver sus ojos de ternura
Que abren al alma enamorada un cielo,
Extáticos de amor y de dulzura
Con blando, vago y doloroso anhelo,
Magia el amor prestando a su hermosura;
Y el pensamiento detenido el vuelo
Allí donde encontró la fantasía
Ciertas las dichas que soñó algún día.

Y respirar su perfumado aliento
Y al rumor palpitar de sus vestidos,
Penetrar su amoroso pensamiento
Y contar de su pecho los latidos,
Exhalar de infinito sentimiento
Tiernos suspiros, lánguidos gemidos,
Mientras a libar sus néctares provoca
Blanda sonrisa en la entreabierta boca.

## Soledad del alma

Mi alma yace en soledad profunda,
Arida, ardiente, en inquietud continua,
Cual la abrasada arena del desierto
Que el seco viento de la Libia agita.

Eterno sol sus encendidas llamas
Doquier sin sombra fatigoso vibra,
Y aire de fuego en el quemado yermo
Bebe mi pecho y con afán respira.

Cual si compuesto de inflamadas ascuas,
Mi corazón hirviéndome palpita
Y mi sangre agolpada por mis venas
Con seco ardor calenturiento gira.

En vano busco la floresta umbrosa
O el manantial del agua cristalina:
El bosque umbrío, la apacible fuente
Lejos de mí, burlando mi fatiga,
Huyen y aumentan mi fatal tormento
Falaces presentándose a mi vista.

¡Triste de mí! De regalada sombra,
De dulces aguas, de templada brisa,
En fértil campo de verdura y flores
Con grata calma disfruté yo un día.

Cual abre el cáliz de fragancia lleno
Cándida rosa en la estación florida,
Fresco rocío regaló mi alma
Abierta a la esperanza y las delicias.

## A una estrella

¿Quién eres tú, lucero misterioso,
Tímido y triste entre luceros mil,
Que cuando miro tu esplendor dudoso
Turbado siento el corazón latir?

¿Es acaso tu luz recuerdo triste
De otro antiguo perdido resplandor,
Cuando engañado como yo creíste
Eterna tu ventura que pasó?

Tal vez con sueños de oro la esperanza
Acarició tu pura juventud,
Y gloria y paz y amor y venturanza
Vertió en el mundo tu primera luz.

Y al primer triunfo del amor primero
Que embalsamó en aromas el Edén,
Luciste acaso, mágico lucero,
Protector del misterio y del placer.

Y era tu luz voluptüosa y tierna
La que entre flores resbalando allí,
Inspiraba en el alma un ansia eterna
De amor perpetuo y de placer sin fin.

Mas, ¡ay!, que luego el bien y la alegría
En llanto y desventura se trocó:
Tu esplendor empañó niebla sombría;
Sólo un recuerdo al corazón quedó.

Y ahora melancólico me miras
Y tu rayo es un dardo del pesar:
Si amor aún al corazón inspiras,
Es un amor sin esperanza ya.

¡Ay lucero! yo te vi
Resplandecer en mi frente
Cuando palpitar sentí
Mi corazón dulcemente
Con amante frenesí.

Tu faz entonces lucía
Con más brillante fulgor,
Mientras yo me prometía
Que jamás se apagaría
Para mí tu resplandor.

¿Quién aquel brillo radiante,
¡Oh lucero!, te robó,
Qué oscureció tu semblante
Y a mi pecho arrebató
La dicha en aquel instante?

¿O acaso tú siempre así
Brillaste, y en mi ilusión
Yo aquel esplendor te di
Que amaba mi corazón,
Lucero, cuando te vi?

Una mujer adoré
Que imaginara yo un cielo:
Mi gloria en ella cifré,
Y de un luminoso velo
En mi ilusión la adorné.

Y tú fuiste la aureola
Que iluminaba su frente,

Cual los aires arrebola
El fúlgido sol naciente,
Y el puro azul tornasola.


Y astro de dicha y amores,
Se deslizaba mi vida
A la luz de tus fulgores
Por fácil senda florida,
Bajo un cielo de colores.


Tantas dulces alegrías,
Tantos mágicos ensueños
　　¿Dónde fueron?
Tan alegres fantasías,
Deleites tan halagüeños,
　　¿Qué se hicieron?


Huyeron con mi ilusión
Para nunca más tornar,
　　Y pasaron,
Y sólo en mi corazón
Recuerdos, llanto y pesar,
　　¡Ay!, dejaron.


¡Ah lucero!, tú perdiste
También tu puro fulgor,
　　Y lloraste;
También como yo sufriste,
Y el crudo arpón del dolor
　　¡Ay!, probaste.


¡Infeliz!, ¿por qué volví
De mis sueños de ventura
　　Para hallar
Luto y tinieblas en ti,
Y lágrimas de amargura
　　Que enjugar?

Pero tú conmigo lloras,
Que eres el ángel caído
    Del dolor,
Y piedad llorando imploras,
Y recuerdas tu perdido
    Resplandor.


Lucero, si mi quebranto
Oyes, y sufres cual yo,
   ¡Ay!, juntemos
Nuestras quejas, nuestro llanto:
Pues nuestra gloria pasó,
    Juntos lloremos.


Mas hoy miro tu luz casi apagada,
Y un vago padecer mi pecho siente;
Que está mi alma de sufrir cansada,
Seca ya de las lágrimas la fuente.


¡Quién sabe!... tú recobrarás acaso
Otra vez tu pasado resplandor,
A ti tal vez te anunciará tu ocaso
Un oriente más puro que el del sol.


A mí tan sólo penas y amargura
Me quedan en el valle de la vida:
Como un sueño pasó mi infancia pura,
Se agosta ya mi juventud florida.


Astro sé tú de candidez y amores
Para el que luz te preste en su ilusión
Y ornado el porvenir de blancas flores
Sienta latir de amor su corazón.


Yo indiferente sigo mi camino
A merced de los vientos y la mar,
Y entregado en los brazos del destino,
No me importa salvarme ó zozobrar.

## A Jarifa en una orgía

　Trae, Jarifa, trae tu mano,
Ven y pósala en mi frente,
Que en un mar de lava hirviente
Mi cabeza siento arder.
　Ven y junta con mis labios
Esos labios que me irritan,
Donde aún los besos palpitan
De tus amantes de ayer.

　¿Qué la virtud, la pureza?
¿Qué la verdad y el cariño?
Mentida ilusión de niño
Que halagó mi juventud.
　Dadme vino: en él se ahoguen
Mis recuerdos; aturdida
Sin sentir huya la vida;
Paz me traiga el ataúd.

　El sudor mi rostro quema,
Y en ardiente sangre rojos
Brillan inciertos mis ojos,
Se me salta el corazón.
　Huye, mujer: te detesto.
Siento tu mano en la mía,
Y tu mano siento fría,
Y tus besos hielos son.

　¡Siempre igual! Necias mujeres,
Inventad otras caricias,
Otro mundo, otras delicias,
O maldito sea el placer
　Vuestros besos son mentira,
Mentira vuestra ternura.
Es fealdad vuestra hermosura,
Vuestro gozo es padecer.

Yo quiero amor, quiero gloria,
Quiero un deleite divino,
Como en mi mente imagino,
Como en el mundo no hay;
 Y es la luz de aquel lucero
Que engañó mi fantasía,
Fuego fatuo, falso guía
Que errante y ciego me tray.


¿Por qué murió para el placer mi alma
Y vive aún para el dolor impío?
¿Por qué si yazgo en indolente calma,
Siento, en lugar de paz, árido hastío?


 ¿Por qué este inquieto, abrasador deseo?
¿Por qué este sentimiento extraño y vago,
Que yo mismo conozco un devaneo
Y busco aún su seductor halago?


 ¿Por qué aún fingirme amores y placeres
Que cierto estoy de que serán mentira?
¿Por qué en pos de fantásticas mujeres
Necio tal vez mi corazón delira,


Si luego, en vez de prados y de flores,
Halla desiertos áridos y abrojos,
Y en sus sandios ó lúbricos amores
Fastidio sólo encontrará y enojos?


Yo me arrojé, cual rápido cometa,
En alas de mi ardiente fantasía:
Do quier mi arrebatada mente inquieta
Dichas y triunfos encontrar creía.


Yo me lancé con atrevido vuelo
Fuera del mundo en la región etérea,
Y hallé la duda, y el radiante cielo
Vi convertirse en ilusión aérea.

Luego en la tierra la virtud, la gloria,
Busqué con ansia y delirante amor,
Y hediondo polvo y deleznable escoria
Mi fatigado espíritu encontró.

Mujeres vi de virginal limpieza
Entre albas nubes de celeste lumbre;
Yo las toqué, y en humo su pureza
Trocarse vi, y en lodo y podredumbre.

Y encontré mi ilusión desvanecida
Y eterno é insaciable mi deseo:
Palpé la realidad y odié la vida.
Sólo en la paz de los sepulcros creo.

Y busco aún y busco codicioso,
Y aun deleites el alma finge y quiere:
Pregunto y un acento pavoroso
«¡Ay!, me responde, desespera y muere.

»Muere, infeliz: la vida es un tormento,
Un engaño el placer, no hay en la tierra
Para ti ni dicha ni contento,
Sino eterna ambición y eterna guerra.

»Que así castiga Dios el alma osada,
Que aspira loca, en su delirio insano,
De la verdad para el mortal velada
A descubrir el insondable arcano.»

¡Oh!, cesa; no, yo no quiero
Ver más, ni saber ya nada;
Harta mi alma y postrada,
Sólo anhela descansar.
En mí muera el sentimiento
Pues ya murió mi ventura,
Ni el placer ni la tristura
Vuelvan mi pecho a turbar.

Pasad, pasad en óptica ilusoria
Y otras jóvenes almas engañad:
Nacaradas imágenes de gloria,
Coronas de oro y de laurel, pasad.

Pasad, pasad, mujeres voluptuosas,
Con danza y algazara en confusión;
Pasad como visiones vaporosas
Sin conmover ni herir mi corazón.

Y aturdan mi revuelta fantasía
Los brindis y el estruendo del festín,
Y huya la noche y me sorprenda el día
En un letargo estúpido y sin fin.

Ven, Jarifa; tú has sufrido
Como yo; tú nunca lloras;
Mas, ¡ay triste!, que no ignoras
Cuán amarga es mi aflicción.
'Una misma es nuestra pena,
En vano el llanto contienes...
Tú también, como yo, tienes
Desgarrado el corazón.

## Al Dos de Mayo

¡Oh! ¡Es el pueblo! ¡Es el pueblo! Cual las olas
Del hondo mar alborotado brama;
Las esplendentes glorias españolas,
Su antigua prez, su independencia aclama.

Hombres, mujeres vuelan al combate;
El volcán de sus iras estalló:
Sin armas van, pero en sus pechos late
Un corazón colérico español.

La frente coronada de laureles,
Con el botín de la vencida Europa,

Con sangre hasta las cinchas los corceles,
En cien campañas veterana tropa,

 Los que el rápido Volga ensangrentaron,
Los que humillaron a sus pies naciones,
Y sobre las pirámides pasaron
Al galope veloz de sus bridones,

 A eterna lucha, a sin igual batalla,
Madrid provoca en su encendida ira:
Su pueblo inerme allí, entre la metralla
Y entre los sables, reluchando gira.

 Graba en su frente luminosa huella
La lumbre que destella el corazón,
Y a parar con sus pechos se atropella
El rayo del mortífero cañón.

 ¡Oh de sangre y valor glorioso día!
Mis padres cuando niño me contaron
Sus hechos, ¡ay!, y en la memoria mía
Santos recuerdos de virtud quedaron.

 «Entonces —indignados me decían—
Cayó el trono español, pedazos hecho;
Por precio vil a extraños nos vendían
Desde el de Carlos profanado lecho.

 »La corte del monarca disoluta,
Prosternada a las plantas de un privado
Sobre el seno de impura prostituta
Al trono de los reyes ensalzado;

 »Sobre coronas, tronos y tiaras
Su orgullo sólo y su capricho ley.
Hordas de sangre y de conquista avaras,
Cada soldado un absoluto rey,

»Fijo en España el ojo centelleante,
En Pirene a salvar pronto el bridón,
Al Rey de reyes, al audaz gigante
Ciegos ensalzan, siguen en montón.»

Y vosotros, ¿qué hicisteis entre tanto,
Los de espíritu flaco y alta cuna?
Derramar como hembras débil llanto,
O adular bajamente a la fortuna.

Buscar tras la extranjera bayoneta
Seguro a vuestras vidas y muralla,
Y, siervos viles, a la plebe inquieta
Con baja lengua apellidar *canalla*.

¡*Canalla*!, sí, ¡vosotros los traidores,
Los que negáis al entusiasmo ardiente
Su gloria, y nunca visteis los fulgores
Con que ilumina la inspirada frente!

¡*Canalla*!, sí, ¡los que en la lid alarde
Hicieron de su infame villanía,
Disfrazando su espíritu cobarde
Con la sana razón segura y fría!

¡Oh! la *canalla*, la *canalla* en tanto
Arrojó el grito de venganza y guerra,
Y arrebatada en su entusiasmo santo
Quebrantó las cadenas de la tierra.

Del cetro de sus reyes los pedazos
Del suelo ensangrentado recogía,
Y un nuevo trono, en sus robustos brazos
Levantando, a su príncipe ofrecía.

Brilla el puñal en la irritada mano,
Huye el cobarde y el traidor se esconde
Truena el cañón, y el grito castellano
De Independencia y Libertad responde.

Héroes de Mayo, levantad las frentes:
Sonó la hora, y la venganza espera;
Id, y hartad vuestra sed en los torrentes
De sangre de Bailén y Talavera.

Id, saludad los héroes de Gerona,
Alzad con ellos el radiante vuelo,
Y a los de Zaragoza alta corona
Ceñid, que aumente el esplendor del cielo.

Mas. ¡Ay!, ¿por qué, cuando los ojos brotan
Lágrimas de entusiasmo y alegría,
Y el alma, atropellados, alborotan
Tantos recuerdos de honra y valentía,

Negra nube en el alma se levanta,
Que turba y oscurece los sentidos,
Fiero dolor el corazón quebranta
Y se ahoga la voz entre gemidos?

¡Oh! ¡Levantad la frente carcomida,
Mártires de la gloria,
Que aún arde en ella con eterna vida
La luz de la victoria!

¡Oh! ¡Levantadla del eterno sueño,
Y con los huecos de los ojos fijos,
Contemplad una vez con torvo ceño
La vergüenza y baldón de vuestros hijos!

Quizá en vosotros, donde el fuego arde
Del castellano honor, aún sobre vida
Para alentar el corazón cobarde
Y abrasar esta tierra envilecida.

¡Ay! ¿Cuál fue el galardón de vuestro celo,
De tanta sangre y bárbaro quebranto,
De tan heroica lucha y tanto anhelo,
Tanta virtud y sacrificio tanto?

El trono que erigió vuestra bravura,
Sobre huesos de héroes cimentado,
Un rey ingrato, de memoria impura,
Con eterno baldón dejó manchado.

¡Ay! Para herir la libertad sagrada
El Príncipe, borrón de nuestra historia,
Llamó en su ayuda la francesa espada
Que segase el laurel de vuestra gloria.

Y vuestros hijos de la muerte huyeron
Y esa sagrada tumba abandonaron:
Hollarla, ¡oh Dios!, a los franceses vieron,
Y hollarla a los franceses les dejaron.

Como la mar tempestuosa, ruge
La losa al choque de los cráneos duros,
Tronó y se alzó con indignado empuje,
Del galo audaz bajo los pies impuros.

Y aún hoy helos allí que su semblante
Con hipócrita máscara cubrieron
Y a Luis Felipe, en muestra suplicante,
Ambos brazos, ¡imbéciles!, tendieron.

La vil palabra *¡Intervención!* gritaron,
Y del Rey mercader la reclamaban,
De nuestros timbres sin honor mofaron
Mientras en su impudor se encenagaban.

Hoy esa raza degradada, espuria,
Pobre nación, que esclavizarte anhela,
Busca también, por renovar tu injuria,
De extranjeros monarcas la tutela.

Tumba vosotros sois de nuestra gloria,
De la antigua hidalguía,
Del castellano honor, que en la memoria
Sólo nos queda hoy día.

Verted, juntando las dolientes manos,
Lágrimas ¡ay! que escalden la mejilla:
Mares de eterno llanto, castellanos,
No bastan a borrar vuestra mancilla.

Llorad como mujeres: vuestra lengua
No osa lanzar el grito de venganza;
Apáticos vivís en tanta mengua,
Y os cansa el brazo el peso de la lanza.

¡Oh! En el dolor eterno que me inspira,
El pueblo en torno avergonzado calle,
Y estallando las cuerdas de mi lira,
Roto también mi corazón estalle.

## A la traslación de las cenizas de Napoleón [1]

Miseria y avidez, dinero y prosa,
En vil mercado convertido el mundo,
Los arranques del alma generosa
Poniendo a precio inmundo,
Cuando tu suerte y tu esplendor preside
Un mercader que con su vara mide
El genio y la virtud, mísera Europa,
Y entre el lienzo vulgar que bordó de oro,
Muerto tu antiguo lustre y tu decoro,
Como a un cadáver fétido te arropa.

Cuando, a los ojos blanqueada tumba,
Centro es tu corazón de podredumbre,
Cuando la voz en ti ya no retumba,
Vieja Europa, del héroe ni el profeta,
Ni en ti refleja su encantada lumbre
Del audaz entusiasmo del poeta,
Yerta tu alma y sordos tus oídos,
Con prosaico afanar en tu miseria,

Arrastrando en el lodo tu materia,
Sólo abiertos al lucro tus sentidos,
¿Quién te despertará? ¿Qué nuevo acento,
Cual la trompeta del extremo día,
Dará a tu inerte cuerpo movimiento
Y entusiasmo a tu alma y lozanía?

¡Ah! ¿solitario entre cenizas frías
Mudas ruinas, aras profanadas
Y antiguos derrüidos monumentos,
Me sentaré, segundo Jeremías,
Mis mejillas con lágrimas bañadas,
Y romperé en estériles lamentos?
No, que la inútil soledad dejando,
La ciudad populosa
Con férrea voz recorreré cantando,
Y agitará la gente temerosa,
Como el bramido de huracán los mares
El son de mis fatídicos cantares.
No: yo alzaré la voz de los profetas.
Tras mí la alborotada muchedumbre,
Sonarán en mi acento las trompetas
Que derriben la inmensa pesadumbre
Del regio torreón que al vicio esconde,
Y el mundo me oirá en dónde
El precio vil de infame mercancía
Del agiotista en la podrida boca
Avaricioso oía.

¿Qué importa si provoca
Mi voz la befa de las almas viles,
Morir qué importa en tan gloriosa lucha,
Qué importa, envidia, que tu diente afiles?
Yo cantaré: la humanidad me escucha;
Yo volaré donde la tumba oculta
La antigua gloria y esplendor del mundo;
Yo con mi mano arrancaré la losa,
Removeré la tierra que sepulta,

Semilla de virtud, polvo fecundo,
La ceniza de un héroe generosa,
Y en medio el mundo, en la anchurosa plaza
De la gran capital, ante los ojos
De su dormida, degradada raza,
Arrojando sus pálidos despojos,
¡Oh, avergonzaos!, gritaré a la gente
¡Oh, de los hombres despreciable escoria,
Venid, doblad la envilecida frente:
Un cadáver no más es vuestra gloria!


## El ángel y el poeta

(Episodio de *El Diablo Mundo*)

ANGEL
  ¿Osas trepar, poeta, a la montaña
De oro del cenit?

POETA
            ¡Quienquiera que seas
Angel sublime del empíreo cielo
Radiante aparición, o del profundo
Príncipe condenado a eterno duelo
Y a llanto eterno, dame que del mundo
Rompa mi alma la prisión sombría,
Mis pies desprende de su lodo inmundo,
Y en alas de Aquilón álzame y guía!

ANGEL
  ¡Oh hijo de Caín! Sobre tu frente
Tu orgullo irreverente
Grabado está, y tu loco desatino:
De tus negros informes pensamientos
Las nubes, que en oscuro remolino
Sobre ella apiñan encontrados vientos
Y el raudo surco de amarilla lumbre,

Que en pálida vislumbre,
Ráfaga incierta de la luz divina,
Sus sombras ilumina,
Muéstranme en ti al poeta,
El alma en guerra con su cuerpo inquieta,
¡Muéstranme en ti la descendencia, en fin,
Rebelde y generosa de Caín!

¡Tú más alto, poeta, que los reyes,
Tú, cuyas santas leyes
Son las de tu conciencia y sentimiento;
Que a penetrar el pensamiento arcano
Del mismo Dios, en tu delirio insano,
Osas alzar tu noble pensamiento!
¡Y sientes en tu espíritu la grave,
Maravillosa música süave,
Y del mundo sonoro la armonía!
¡Qué indeficiente y fría
Sientes vil la palabra a tu deseo,
Y en vértigo perpetuo y devaneo,
Y en insomnio te agitas
Y en pos de tu ansiedad te precipitas!
¡Que ora tras la esperanza,
Que acaso finges, tu ilusión se lanza,
Ora piedad imploras
Y con la hiel de los recuerdos lloras,
Ora desesperado desafías
Rebelde a Dios y en tu rencor porfías!
¡Alzate, en fin, y rompe tu cadena,
Y el alma noble y de despecho llena
A las regiones célicas levanta
Y rueden en montón bajo tu planta
Los cetros, las tiaras, las coronas,
La hermosura y el oro, el barro inmundo,
Cuanto es escoria y resplandor de mundo,
Y en tu mente magnífica eslabonas!

**POETA**
¡Sí, levántame, sí; sobre las alas
Cabalgue yo del huracán sombrío,
Cruce mi mente las etéreas salas,
Llene mi alma el seno del vacío!
Sobre mi frente el rayo se desprenda,
Mi frente en Dios, mi planta en el profundo,
Y al contemplar al Hacedor del mundo
Mi espíritu en su espíritu se encienda.

¡Oh ángel! ¡Yo he vivido
En la inmensa baraja confundido
De los hombres; y títulos y honores
Mi orgullo desdeñó: sobre mi frente
Reflejaba tal vez ricos colores
La luz de la esplendente poesía,
Y esta marca divina que llevaba
De los hombres tal vez me distinguía
Y sobre ellos tal vez me levantaba!
¡Un vago indefinible sentimiento,
Como sutil aliento
Del aura leve del abril florido,
En mi espíritu insomne se agitaba,
Y en doliente gemido
Sólo del triste corazón sentido,
Pasando por mi alma suspiraba!
¡Ni palabra, ni grito, ni lamento
Hallé a expresar bastante
Esta secreta voz del pensamiento,
Este vertiginoso e incesante
Movimiento del ánimo y trastorno!
Yo apostrofaba al mundo en su carrera,
Giraba el mundo indiferente en torno,
Y en vano, y débil, mi lamento era.
¡Oh! ¡Mi triste lamento
Era un leve sonido en la armonía
Del eterno tormento
Del mundo y su agonía!

Cada grano de arena, cada planta,
El vil insecto, la indomable fiera
Que con rugidos el desierto espanta,
El águila altanera,
Que el sol a mirar sube
Sobre el vellón de la remota nube,
¡Oí lanzaban la doliente queja
De su eterno dolor y su amargura!
¡Marañada madeja
Este mundo, de duelo y desventura!
¡Las aguas de las fuentes suspiraban,
Las copas de los árboles gemían,
Las olas de la mar se querellaban,
Los aquilones de dolor rugían!...

# El estudiante de Salamanca

## Parte primera

*Sus fueros, sus bríos, sus premáticas, su voluntad.*
                    Don Quijote: Parte primera

Era más de media noche,
Antiguas historias cuentan,
Cuando en sueño y en silencio
Lóbrego envuelta la tierra,
Los vivos muertos parecen,
Los muertos la tumba dejan.
Era la hora en que acaso
Temerosas voces suenan
Informes, en que se escuchan
Tácitas pisadas huecas,
Y pavorosas fantasmas
Entre las densas tinieblas
Vagan, y aúllan los perros
Amedrentados al verlas,
En que tal vez la campana
De alguna arruinada iglesia

Da misteriosos sonidos
De maldición y anatema
Que en los sábados convocan
A las brujas a su fiesta.
El cielo estaba sombrío,
No vislumbraba una estrella,
Silbaba lúgubre el viento,
Y allá en el aire, cual negras
Fantasmas, se dibujaban
Las torres de las iglesias
Y del gótico castillo
Las altísimas almenas,
Donde canta o reza acaso
Temeroso el centinela.
Todo en fin a media noche
Reposaba, y tumba era
De sus dormidos vivientes
La antigua ciudad que riega
El Tormes, fecundo río,
Nombrado de los poetas,
La famosa Salamanca,
Insigne en armas y letras,
Patria de ilustres varones,
Noble archivo de las ciencias.

Súbito rumor de espadas
Cruje y un ¡ay! se escuchó;
Un ay moribundo, un ay
Que penetra el corazón
Que hasta los tuétanos hiela
Y da al que lo oyó temblor.
Un ¡ay! de alguno que al mundo
Pronuncia el último adiós.

El ruido
Cesó,
Un hombre
Pasó

Embozado,
Y el sombrero
Recatado
A los ojos
Se caló.
Se desliza
Y atraviesa
Junto al muro
De una iglesia
Y en la sombra
Se perdió.

   Una calle estrecha y alta,
La calle del Ataúd:
Cual si de negro crespón
Lóbrego eterno capuz
La vistiera, siempre oscura,
Y de noche sin más luz
Que la lámpara que alumbra
Una imagen de Jesús.
Atraviesa el embozado
La espada en la mano aún,
Que lanzó vivo reflejo
Al pasar frente a la cruz.

Cual suele la luna tras lóbrega nube
Con franjas de planta bordarla en redor
Y luego, si el viento la agita, la sube
Disuelta a los aires en blanco vapor,

Así vaga sombra de luz y de nieblas,
Mística y aérea dudosa visión,
Ya brilla o la esconden las densas tinieblas,
Cual dulce esperanza, cual vana ilusión.

La calle sombría, la noche ya entrada,
La lámpara triste ya pronta a expirar,

Que a veces alumbra la imagen sagrada
Y a veces se esconde la sombra a aumentar...

El vago fantasma que acaso aparece
Y acaso se acerca con rápido pie
Y acaso en las sombras tal vez desparece,
Cual ánima en pena del hombre que fue,

Al más temerario corazón de acero
Recelo inspirara, pusiera pavor:
Al más maldiciente feroz bandolero
El rezo a los labios trajera el temor.

Mas no al embozado, que aun sangre su espada
Destila, el fantasma terror infundió,
Y, el arma en la mano con fuerza empuñada,
Osado a su encuentro despacio avanzó.

———

   Segundo don Juan Tenorio,
Alma fiera e insolente,
Irreligioso y valiente,
Altanero y reñidor,
   Siempre el insulto en los ojos,
En los labios la ironía,
Nada teme y todo fía
De su espada y su valor.

   Corazón gastado, mofa
De la mujer que corteja
Y hoy despreciándola deja
La que ayer se le rindió.
   Ni el porvenir temió nunca,
Ni recuerda en lo pasado
La mujer que ha abandonado
Ni el dinero que perdió.

   Ni vio el fantasma entre sueños
Del que mató en desafío

Ni turbó jamás su brío
Recelosa previsión.
 Siempre en lances y en amores,
Siempre en báquicas orgías,
Mezcla en palabras impías
Un chiste a una maldición.

 En Salamanca famoso
Por su vida y buen talante,
Al atrevido estudiante
Le señalan entre mil:
 Fuero le da su osadía,
Le disculpa su riqueza,
Su generosa nobleza,
Su hermosura varonil.

 Que su arrogancia y sus vicios,
Caballeresca apostura,
Agilidad y bravura
Ninguno alcanza a igualar:
 Que hasta en sus crímenes mismos,
En su impiedad y altiveza,
Pone un sello de grandeza
Don Félix de Montemar.

———

Bella y más pura que el azul del cielo
Con dulces ojos lánguidos y hermosos,
Donde acaso el amor brilló entre el velo
Del pudor que los cubre candorosos;
Tímida estrella que refleja al suelo
Rayos de luz brillantes y dudosos,
Angel puro de amor que amor inspira,
Fue la inocente y desdichada Elvira.

Elvira, amor del estudiante un día,
Tierna y feliz y de su amante ufana,

Cuando al placer su corazón se abría,
Como al rayo del sol rosa temprana;
Del fingido amor que la mentía,
La miel falaz que de sus labios mana
Bebe en su ardiente sed, el pecho ajeno
De que oculto en la miel hierve el veneno.

Que no descansa de su madre en brazos
Más descuidado el candoroso infante
Que ella en los falsos lisonjeros lazos
Que teje astuto el seductor amante:
Dulces caricias, lánguidos abrazos,
Placeres ¡ay! que duran un instante
Que habrán de ser eternos imagina
La triste Elvira en su ilusión divina.

Que el alma virgen que halagó un encanto
Con nacarado sueño en su pureza
Todo lo juzga verdadero y santo,
Presta a todo virtud, presta belleza.
Del cielo azul al tachonado manto,
Del sol radiante a la inmortal riqueza,
Al aire, al campo, a las fragantes flores,
Ella añade esplendor, vida y colores.

Cifró en don Félix la infeliz doncella
Toda su dicha, de su amor perdida;
Fueron sus ojos a los ojos de ella
Astros de gloria, manantial de vida.
Cuando sus labios con sus labios sella,
Cuando su voz escucha embebecida,
Embriagada del dios que la enamora,
Dulce le mira, extática le adora.

## Parte segunda

> ... No dirge, except the hollow sea's,
> Mourns o' er the beauty of the Cyclades.
> BYRON, Don Juan, canto 4. LXXI

Está la noche serena
De luceros coronada,
Terso el azul de los cielos
Como transparente gasa.

Melancólica la luna
Va trasmontando la espalda
Del otero: su alba frente
Tímida apenas levanta

Y el horizonte ilumina,
Pura virgen solitaria,
Y en su blanca luz suave
El cielo y la tierra baña.

Deslízase el arroyuelo,
Fúlgida cinta de plata

Al resplandor de la luna,
Entre franjas de esmeralda.

Argentadas chispas brillan
Entre las espesas ramas,
Y en el seno de las flores
Tal vez aduermen las auras.

Tal vez despiertas susurran,
Y al desplegarse sus alas
Mecen el blanco azahar,
Mueven la amorosa acacia

Y agitan ramas y flores
Y en perfumes se embalsaman.
Tal era pura esta noche
Como aquella en que sus alas

Los ángeles desplegaron
Sobre la primera llama
Que amor encendió en el mundo,
Del Edén en la morada.

¡Una mujer! ¿Es acaso
Blanca silfa solitaria,
Que entre el rayo de la luna
Tal vez misteriosa vaga?

Blanco es su vestido, ondea
Suelto el cabello a la espalda,
Hoja tras hoja las flores
Que lleva en su mano, arranca.

Es su paso incierto y tardo,
Inquietas son sus miradas,
Mágico ensueño parece
Que halaga engañoso el alma.

Ora, vedla, mira al cielo;
Ora suspira y se para:
Una lágrima sus ojos
Brotan acaso y abrasa

Su mejilla: es una ola
Del mar que en fiera borrasca
El viento de las pasiones
Ha alborotado en su alma.

Tal vez se sienta, tal vez
Azorada se levanta;
El jardín recorre ansiosa,
Tal vez a escuchar se para.

Es el susurro del viento,
Es el murmullo del agua,
No es su voz, no es el sonido
Melancólico del arpa.

Son ilusiones que fueron:
Recuerdos ¡ay! que te engañan,
Sombras del bien que pasó...
Ya te olvidó el que tú amas.

Esa noche y esa luna
Las mismas son que miraran
Indiferentes tu dicha,
Cual ora ven tu desgracia.

¡Ah! llora sí, ¡pobre Elvira!
¡Triste amante abandonada!
Esas hojas de esas flores
Que distraída tú arrancas,

¿Sabes adónde, infeliz,
El viento las arrebata?

Donde fueron tus amores,
Tu ilusión y tu esperanza.

Deshojadas y marchitas,
¡Pobres flores de tu alma!

———

Blanca nube de la aurora,
Teñida de ópalo y grana,
Naciente luz te colora
Refulgente precursora
De la cándida mañana.

Mas ¡ay! que se disipó
Tu pureza virginal,
Tu encanto el aire llevó
Cual la ventura ideal
Que el amor te prometió.

Hojas del árbol caídas
Juguetes del viento son:
Las ilusiones perdidas
¡Ay! son hojas desprendidas
Del árbol del corazón.

¡El corazón sin amor!
Triste páramo cubierto
Con la lava del dolor,
Oscuro inmenso desierto
Donde no nace una flor!

Distante un bosque sombrío,
El sol cayendo en la mar,
En la playa un aduar
Y a lo lejos un navío
Viento en popa navegar,

Optico vidrio presenta
En fantástica ilusión
Y al ojo encantado ostenta
Gratas visiones, que aumenta
Rica la imaginación.

Tú eres, mujer, un fanal
Transparente de hermosura:
¡Ay de ti! si por tu mal
Rompe el hombre en su locura
Tu misterioso cristal.

Mas ¡ay! dichosa tú, Elvira,
En tu misma desventura,
Que aún deleites te procura,
Cuando tu pecho suspira,
Tu misteriosa locura:

Que es la razón un tormento,
Y vale más delirar
Sin juicio, que el sentimiento
Cuerdamente analizar,
Fijo en él el pensamiento.

———

Vedla, allí va que sueña en su locura
Presente el bien que para siempre huyó.
Dulces palabras con amor murmura:
Piensa que escucha al pérfido que amó.

Vedla, postrada su piedad implora
Cual si presente le mirara allí.
Vedla que sola se contempla y llora,
Miradla delirante sonreír.

Y su frente en revuelto remolino
Ha enturbiado su loco pensamiento,

Como nublo que en negro torbellino
Encubre el cielo y amontona el viento,

Y vedla cuidadosa escoger flores,
Y las lleva mezcladas en la falda,
Y, corona nupcial de sus amores,
Se entretiene en tejer una guirnalda.

Y en medio de su dulce desvarío
Triste recuerdo el alma le importuna,
Y al margen va del argentado río
Y allí las flores echa de una en una

Y las sigue su vista en la corriente,
Una tras otra rápidas pasar,
Y confusos sus ojos y su mente
Se siente con sus lágrimas ahogar

Y de amor canta, y en su tierna queja
Entona melancólica canción,
Canción que el alma desgarrada deja,
Lamento, ¡ay!, que llaga el corazón.

¿Qué me valen tu calma y tu terneza,
Tranquila noche, solitaria luna,
Si no calmáis del hado la crudeza,
Ni me dais esperanza de fortuna?

¿Qué me valen la gracia y la belleza
Y amar como jamás amó ninguna,
Si la pasión que el alma me devora
La desconoce aquel que me enamora?

———

Lágrimas interrumpen su lamento,
Inclina sobre el pecho su semblante,
Y de ella en derredor susurra el viento
Sus últimas palabras, sollozante.

...................................................
...................................................
...................................................
...................................................

Murió de amor la desdichada Elvira,
Cándida rosa que agostó el dolor,
Süave aroma que el viajero aspira
Y en sus alas el aura arrebató.

Vaso de bendición, ricos colores
Reflejó en su cristal la luz del día,
Mas la tierra empañó sus resplandores,
Y el hombre lo rompió con mano impía.

Una ilusión acarició su mente:
Alma celeste para amar nacida,
Era el amor de su vivir la fuente,
Estaba junta a su ilusión su vida.

Amada del Señor, flor venturosa,
Llena de amor murió y de juventud:
Despertó alegre una alborada hermosa
Y a la tarde durmió en el ataúd.

Mas despertó también de su locura
Al término postrero de su vida,
Y al abrirse a sus pies la sepultura
Volvió a su mente la razón perdida.

¡La razón fría!, ¡la verdad amarga!
¡El bien pasado y el dolor presente!...
¡Ella feliz!, ¡que de tan dura carga
Sintió el peso al morir únicamente!
Y conociendo ya su fin cercano,
Su mejilla una lágrima abrasó;
Y así al infiel con temblorosa mano,
Moribunda su víctima escribió:

«Voy a morir: perdona si mi acento
Vuela importuno a molestar tu oído:
El es, don Félix, el postrer lamento
De la mujer que tanto te ha querido.
La mano helada de la muerte siento...
Adiós: ni amor ni compasión te pido...
Oye y perdona si al dejar el mundo,
Arranca un ¡ay! su angustia al moribundo.

»¡Ah!, para siempre adiós. Por ti mi vida
Dichosa un tiempo resbalar sentí,
Y la palabra de tu boca oída
Extasis celestial fue para mí.
Mi mente aún goza la ilusión querida
Que para siempre ¡mísera! perdí...
¡Ya todo huyó, despareció contigo!
¡Dulces horas de amor, yo las bendigo!

»Yo las bendigo, sí, felices horas,
Presentes siempre en la memoria mía,
Imágenes de amor encantadoras
Que aun vienen a halagarme en mi agonía.
Mas, ¡ay!, volad, huid, engañadoras
Sombras, por siempre; mi postrero día
Ha llegado: perdón, perdón, ¡Dios mío!
Si aun gozo en recordar mi desvarío.

»Y tú, don Félix, si te causa enojos
Que te recuerde yo mi desventura,
Piensa están hartos de llorar mis ojos
Lágrimas silenciosas de amargura,
Y hoy, al tragar la tumba mis despojos,
Concede este consuelo a mi tristura:
Estos renglones compasivo mira;
Y olvida luego para siempre a Elvira.

»Y jamás turbe mi infeliz memoria
Con amargos recuerdos tus placeres:

Goces te dé el vivir, triunfos la gloria,
Dichas el mundo, amor otras mujeres;
Y si tal vez mi lamentable historia
A tu memoria con dolor trajeres,
Llórame, sí; pero palpite exento
Tu pecho de roedor remordimiento.

»Adiós por siempre, adiós: un breve instante
Siento de vida, y en mi pecho el fuego
Aun arde de mi amor; mi vista errante
Vaga desvanecida... ¡calma luego,
Oh muerte, mi inquietud!... ¡Sola... expirante!...
Amame: no, perdona: ¡inútil ruego!
¡Adiós!, ¡adiós!, ¡tu corazón perdí!
—¡Todo acabó en el mundo para mí!»

Así escribió su triste despedida
Momentos antes de morir, y al pecho
Se estrechó de su madre dolorida,
Que en tanto inunda en lágrimas su lecho.

Y exhaló luego su postrer aliento,
Y a su madre sus brazos se apretaron
Con nervioso y convulso movimiento
Y sus labios un nombre murmuraron.

Y huyó su alma a la mansión dichosa
Do los ángeles moran... Tristes flores
Brota la tierra en torno de su losa,
El céfiro lamenta sus amores.

Sobre ella un sauce su ramaje inclina,
Sombra le presta en lánguido desmayo,
Y allá en la tarde, cuando el sol declina,
Baña su tumba en paz su último rayo...

## Parte tercera

### Cuadro dramático

> SARG.—*¿Tenéis más que parar?*
> FRANCISCO.                    *Paro los ojos.*
> *Los ojos, sí, los ojos: que descreo*
> *Del que los hizo para tal empleo.*
>                         MORETO, San Francisco de Sena

### *Personas*

D. FELIX DE MONTEMAR.
D. DIEGO DE PASTRANA.
SEIS JUGADORES.

En derredor de una mesa
Hasta seis hombres están,
Fija la vista en los naipes,
Mientras juegan al parar;

Y en sus semblantes se pintan
El despecho y el afán:
Por perder desesperados,
Avarientos por ganar.

Reina profundo silencio,
Sin que lo rompa jamás
Otro ruido que el del oro,
O una voz para jurar.

Pálida lámpara alumbra
Con trémula claridad
Negras de humo las paredes
De aquella estancia infernal.

Y el misterioso bramido
Se escucha del huracán,
Que azota los vidrios frágiles
Con sus alas al pasar.

*Escena I*

JUGADOR PRIMERO
El caballo aún no ha salido.

JUGADOR SEGUNDO
¿Qué carta vino?

JUGADOR PRIMERO
             La sota.

JUGADOR SEGUNDO
Pues por poco se alborota.

JUGADOR PRIMERO
Un caudal llevo perdido:
¡Voto a Cristo!

JUGADOR SEGUNDO
             No juréis,
Que aún no estáis en la agonía.

JUGADOR PRIMERO
No hay suerte como la mía.

JUGADOR SEGUNDO
¿Y como cuánto perdéis?

JUGADOR PRIMERO
Mil escudos y el dinero
Que don Félix me entregó.

JUGADOR SEGUNDO
¿Dónde anda?

JUGADOR PRIMERO
          ¡Qué sé yo!
No tardará.

JUGADOR TERCERO
      Envido.

JUGADOR PRIMERO
      Quiero.

*Escena II*

  Galán de talle gentil,
La mano izquierda apoyada
En el pomo de la espada,
Y el aspecto varonil:

  Alta el ala del sombrero
Porque descubra la frente,
Con airoso continente
Entró luego un caballero.

JUGADOR PRIMERO *(Al que entra)*
Don Félix, a buena hora
Habéis llegado.

D. FELIX
    ¿Perdisteis?

JUGADOR PRIMERO
El dinero que me disteis
Y esta bolsa pecadora.

JUGADOR SEGUNDO
Don Félix de Montemar
Debe perder. El amor
Le negara su favor
Cuando le viera ganar.

D. FELIX *(Con desdén)*
Necesito ahora dinero
Y estoy hastiado de amores.
 *(Al corro, con altivez)*
Dos mil ducados, señores,
Por esta cadena quiero.

  *(Quítase una cadena que lleva al pecho)*

JUGADOR TERCERO
Alta ponéis la tarifa.

D. FELIX *(Con altivez)*
La pongo en lo que merece.
Si otra duda se os ofrece,
Decid.
 *(Al corro)*
  Se vende y se rifa.

JUGADOR CUARTO *(Aparte)*
¿Y hay quién sufra tal afrenta?

D. FELIX
Entre cinco están hallados.

A cuatrocientos ducados
Os toca, según mi cuenta.
Al as de oros. Allá va.

*(Va echando cartas, que toman los jugadores
en silencio)*

Uno, dos...
    *(Al perdidoso)*
        Con vos no cuento.

JUGADOR PRIMERO
Por el motivo lo siento.

JUGADOR TERCERO
¡El as!, ¡el as!, aquí está.

JUGADOR PRIMERO
Ya ganó.

D. FELIX
        Suerte tenéis.
A un solo golpe de dados
Tiro los dos mil ducados.

JUGADOR TERCERO
¿En un golpe?

JUGADOR PRIMERO *(A D. Félix)*
        Los perdéis.

D. FELIX
Perdida tengo yo el alma,
Y no me importa un ardite.

JUGADOR TERCERO
Tirad.

D. FELIX
    Al primer envite.

JUGADOR TERCERO
Tirad pronto.

D. FELIX
        Tened calma:
Que os juego más todavía,
Y en cien onzas hago el trato,
Y os lleváis este retrato
Con marco de pedrería.

JUGADOR TERCERO
¿En cien onzas?

D. FELIX
            ¿Qué dudáis?

JUGADOR PRIMERO *(Tomando el retrato)*
¡Hermosa mujer!

JUGADOR CUARTO
            No es caro:

D. FELIX
¿Queréis pararlas?

JUGADOR TERCERO
            Las paro.
Más ganaré.

D. FELIX
        Si ganáis *(Se registra todo)*
No tengo otra joya aquí.

JUGADOR PRIMERO *(Mirando el retrato)*
Si esta imagen respirara...

D. FELIX
A estar aquí la jugara
A ella, al retrato y a mí.

JUGADOR TERCERO
Vengan los dados.

D. FELIX
               Tirad.

JUGADOR SEGUNDO
Por don Félix cien ducados.

JUGADOR CUARTO
En contra van apostados.

JUGADOR QUINTO
Cincuenta más. Esperad,
No tiréis.

JUGADOR SEGUNDO
        Van los cincuenta.

JUGADOR PRIMERO
Yo, sin blanca, a Dios le ruego
Por don Félix.

JUGADOR QUINTO
             Hecho el juego.

JUGADOR TERCERO
¿Tiro?

D. FELIX
    Tirad con sesenta
De a caballo.

*(Todos se agrupan con ansiedad alrededor de la
    mesa. El tercer jugador tira los dados)*

JUGADOR CUARTO
            ¿Qué ha salido?

JUGADOR SEGUNDO
¡Mil demonios, que a los dos
Nos lleven!

D. FELIX *(Con calma al* PRIMERO*)*
            ¡Bien, vive Dios!
Vuestro ruegos me han valido.
Encomendadme otra vez,
Don Juan, al diablo; no sea
Que si os oye Dios, me vea
Cautivo y esclavo en Fez.

JUGADOR TERCERO
Don Félix, habéis perdido
Sólo el marco, no el retrato,
Que entrar la dama en el trato
Vuestra intención no habrá sido.

D. FELIX
¿Cuánto dierais por la dama?

JUGADOR TERCERO
Yo, la vida.

D. FELIX
            No la quiero.
Mirad si me dais dinero,
Y os la lleváis.

JUGADOR TERCERO
            ¡Buena fama
Lograréis entre las bellas
Cuando descubran altivas,

Que vos las hacéis cautivas,
Para en seguida vendellas!

D. FELIX
Eso a vos no importa nada.
¿Queréis la dama? Os la vendo.

JUGADOR TERCERO
Yo de pinturas no entiendo.

D. FELIX *(Con cólera)*
Vos habláis con demasiada
Altivez e irreverencia
De una mujer... ¡y si no!...

JUGADOR TERCERO
De la pintura hablé yo.

TODOS
Vamos, paz; no haya pendencia.

D. FELIX *(Sosegado)*
Sobre mi palabra os juego
Mil escudos.

JUGADOR TERCERO
      Van tirados.

D. FELIX
A otra suerte de esos dados;
Y el diablo les prenda fuego.

## *Escena III*

Pálido el rostro, cejijunto el ceño,
Y torva la mirada, aunque afligida,
Y en ella un firme y decidido empeño
De dar la muerte o de perder la vida,

Un hombre entró embozado hasta los ojos,
Sobre las juntas cejas el sombrero:
Víbrale al rostro el corazón enojos,
El paso firme, el ánimo altanero.

Encubierta fatídica figura
—Sed de sangre su espíritu secó,
Emponzoñó su alma la amargura,
La venganza irritó su corazón—

Junto a don Félix llega, y desatento
No habla a ninguno, ni aun la frente inclina
y en pie delante de él y el ojo atento,
Con iracundo rostro le examina.

Miró también don Félix al sombrío
Huésped que en él los ojos enclavó,
Y con sarcasmo desdeñoso y frío
Fijos en él los suyos, sonrió.

D. FELIX
Buen hombre, ¿de qué tapiz
Se ha escapado —el que se tapa—,
Que entre el sombrero y la capa
Se os ve apenas la nariz?

D. DIEGO
Bien, don Félix, cuadra en vos
Esa insolencia importuna.

D. FELIX
  *(Al TERCER JUGADOR sin hacer caso de D. DIE-
GO)*

Perdisteis.
JUGADOR TERCERO
   Sí. La fortuna
Se trocó: tiro y van dos.

  *(Vuelven a tirar.)*

D. FELIX
Gané otra vez.

   *(Al embozado)*
             No he entendido
Qué dijisteis, ni hice aprecio
De si hablasteis blando o recio
Cuando me habéis respondido.

D. DIEGO
A solas hablar querría.

D. FELIX
Podéis, si os place, empezar,
Que por vos no he de dejar
Tan honrosa compañía.
Y si Dios aquí os envía
Para hacer mi conversión,
No despreciéis la ocasión
De convertir tanta gente,
Mientras que yo humildemente
Aguardo mi absolución.

D. DIEGO *(Desembozándose con ira)*
Don Félix, ¿no conocéis
A don Diego de Pastrana?

D. FELIX
A vos no, mas sí a una hermana
Que imagino que tenéis.

D. DIEGO
¿Y no sabéis que murió?

D. FELIX
Téngala Dios en su gloria.

D. DIEGO
Pienso que sabéis su historia,
Y quién fue quien la mató.

D. FELIX *(Con sarcasmo)*
¡Quizá alguna calentura!

D. DIEGO
¡Mentís vos!

D. FELIX
                Calma, don Diego,
Que si vos os morís luego,
Es tanta mi desventura,
Que aun me lo habrán de achacar,
Y es en vano ese despecho,
Si se murió, a lo hecho, pecho,
Ya no ha de resucitar.

D. DIEGO
Os estoy mirando y dudo
Si habré de manchar mi espada
Con esa sangre malvada,
O echaros al cuello un nudo
Con mis manos, y con mengua,
En vez de desafiaros,
El corazón arrancaros
Y patearos la lengua.
Que un alma, una vida, es
Satisfacción muy ligera,
Y os diera mil si pudiera
Y os las quitara después.
Jugo a mi labio han de dar
Abiertas todas tus venas,
Que toda tu sangre apenas
Basta mi sed a calmar.
¡Villano!

*(Tira de la espada: todos los jugadores se interponen)*

TODOS
    Fuera de aquí
A armar quimera.

D. FELIX *(Con calma, levantándose)*
    Tened,
Don Diego, la espada, y ved
Que estoy yo muy sobre mí,
Y que me contengo mucho,
No sé por qué, pues tan frío
En mi colérico brío
Vuestras injurias escucho.

D. DIEGO *(Con furor reconcentrado y con la espada*
     *desnuda)*

Salid de aquí; que a fe mía,
Que estoy resuelto a mataros,
Y no alcanzara a libraros
La misma Virgen María.
Y es tan cierta mi intención,
Tan resuelta está mi alma,
Que hasta mi cólera calma
Mi firme resolución.
Venid conmigo.

D. FELIX
    Allá voy;
Pero si os mato, don Diego,
Que no me venga otro luego
A pedirme cuenta. Soy
Con vos al punto. Esperad
Cuente el dinero... *uno... dos...*

*(A* D. DIEGO*)*
Son mis ganancias; por vos
Pierdo aquí una cantidad
Considerable de oro

Que iba a ganar... ¿y por qué?
*Diez... quince...* por no sé qué
Cuento de amor... ¡un tesoro
Perdido!... voy al momento.
Es un puro disparate
Empeñarse en que yo os mate;
Lo digo como lo siento.


D. DIEGO

Remiso andáis y cobarde
Y hablador en demasía.


D. FELIX

Don Diego, más sangre fría:
Para reñir nunca es tarde.
Y si aun fuera otro el asunto,
Yo os perdonara la prisa:
Pidierais vos una misa
Por la difunta, y al punto...


D. DIEGO
¡Mal caballero!


D. FELIX
                Don Diego,
Mi delito no es gran cosa.
Era vuestra hermana hermosa,
La vi, me amó, creció el fuego,
Se murió, no es culpa mía;
Y admiro vuestro candor,
Que no se mueren de amor
Las mujeres de hoy en día.


D. DIEGO
¿Estáis pronto?

D. FELIX
                    Están contados.
Vamos andando.

D. DIEGO
                ¿Os reís?
    *(Con voz solemne)*
Pensad que a morir venís.

(D. FELIX *sale tras de él, embolsándose el dinero
                con indiferencia)*

D. FELIX
Son mil trescientos ducados.


*Escena IV*

*Los jugadores*

JUGADOR PRIMERO
Este don Diego Pastrana
Es un hombre decidido.
Desde Flandes ha venido
Sólo a vengar a su hermana.

JUGADOR SEGUNDO
¡Pues no ha hecho mal disparate!
Me da el corazón su muerte.

JUGADOR TERCERO
¿Quién sabe? Acaso la suerte...

JUGADOR CUARTO
Me alegraré que lo mate.

## Parte cuarta

*Salió en fin de aquel estado para caer en el dolor más sombrío, en la más desalentada desesperación y en la mayor amargura y desconsuelo que pueden apoderarse de este pobre corazón humano, que tan positivamente choca y se quebranta con los males, como con vaguedad aspira en algunos momentos, casi siempre sin conseguirlo, a tocar los bienes ligeramente y de pasada.*
MIGUEL DE LOS SANTOS ALVAREZ, La protección de un sastre
Spiritus quidem promtus est; caro vero infirma.
(S. Marc. Evang.)

(S. Marc. Evang.)

Vedle, don Félix es, espada en mano,
Sereno el rostro, firme el corazón,
También de Elvira el vengativo hermano
Sin piedad a sus pies muerto cayó.

Y con tranquila audacia se adelanta
Por la calle fatal del Ataúd
Y ni medrosa aparición le espanta
Ni le turba la imagen de Jesús.

La moribunda lámpara que ardía
Trémula lanza su postrer fulgor,

Y en honda oscuridad, noche sombría
La misteriosa calle encapotó.

Mueve los pies el Montemar osado
En las tinieblas con incierto giro
Cuando, ya un trecho de la calle andado,
Súbito junto a él oye un suspiro.

Resbalar por su faz sintió el aliento
Y a su pesar sus nervios se crisparon,
Mas pasado el primero movimiento,
A su primera rigidez tornaron.

«¿Quién va?» pregunta con la voz serena,
Que ni finge valor ni muestra miedo,
El alma de invencible vigor llena,
Fiado en su tajante de Toledo.

Palpa en torno de sí, y el impío jura,
Y a mover vuelve la atrevida planta,
cuando hacia él fatídica figura
Envuelta en blancas ropas se adelanta.

Flotante y vaga, las espesas nieblas
Ya disipa y se anima y va creciendo
Con apagada luz, ya en las tinieblas
Su argentino blancor va apareciendo.

Ya leve punto de luciente plata,
Astro de clara lumbre sin mancilla,
El horizonte lóbrego dilata
Y allá en la sombra en lontananza brilla.

Los ojos Montemar fijos en ella,
Con más asombro que temor la mira;
Tal vez la juzga vagorosa estrella
Que en el espacio de los cielos gira.

Tal vez engaño de sus propios ojos,
Forma falaz que en su ilusión creó,
O del vino ridículos antojos
Que al fin su juicio a alborotar subió.

Mas el vapor del néctar jerezano
Nunca su mente a trastornar bastara,
Que ya mil veces embriagarse en vano
En frenéticas órgias intentara.

«Dios presume asustarme: ¡ójala fuera,
Dijo entre sí riendo, el diablo mismo!
Que entonces, vive Dios, quién soy supiera
El cornudo monarca del abismo.»

Al pronunciar tan insolente ultraje
La lámpara del Cristo se encendió,
Y una mujer velada en blanco traje
Ante la imagen de rodillas vió.

«Bienvenida la luz», dijo el impío,
«Gracias a Dios o al diablo». Y con osada,
Firme intención y temerario brío,
El paso vuelve a la mujer tapada.

Mientras él anda, al parecer se alejan
La luz, la imagen, la devota dama,
Mas si él se para, de moverse dejan.
Y lágrima tras lágrima derrama

De sus ojos inmóviles la imagen.
Mas sin que el miedo ni el dolor que inspira
Su planta audaz ni su impiedad atajen,
Rostro a rostro a Jesús Montemar mira.

—La calle parece se mueve y camina,
Faltarle la tierra sintió bajo el pie;
Sus ojos la muerta mirada fascina
Del Cristo, que intensa clavada está en él.

Y en medio el delirio que embarga su mente,
Y achaca él al vino que al fin le embriagó,
La lámpara alcanza con mano insolente
Del ara do alumbra la imagen de Dios

Y al rostro la acerca, que el cándido lino
Encubre, con ánimo asaz descortés.
Mas la luz apaga viento repentino,
Y la blanca dama se puso de pie.

Empero un momento creyó que veía
Un rostro que vagos recuerdos quizá
Y alegres memorias confusas traía
De tiempos mejores que pasaron ya.

Un rostro de un ángel que vio en un ensueño,
Como un sentimiento que el alma halagó,
Que anubla la frente con rígido ceño,
Sin que lo comprenda jamás la razón.

Su forma gallarda dibuja en las sombras
El blanco ropaje que ondeante se ve
Y cual si pisara mullidas alfombras,
Deslízase leve sin ruido su pie.

Tal vimos al rayo de la luna llena
Fugitiva vela de lejos cruzar,
Que ya la hinche en popa la brisa serena,
Que ya la confunde la espuma del mar.

También la esperanza blanca y vaporosa
Así ante nosotros pasa en ilusión
Y el alma conmueve con ansia medrosa,
Mientras la rechaza la adusta razón.

D. FELIX
«¡Qué!, ¿sin respuesta me deja?
¿No admitís mi compañía?

¿Será quizá alguna vieja
Devota?... ¡Chasco sería!

En vano, dueña, es callar,
Ni hacerme señas que no:
He resuelto que sí yo,
Y os tengo de acompañar.

Y he de saber dónde vais
Y si sois hermosa o fea,
Quién sois y cómo os llamáis.
Y aun cuando imposible sea

Y fuerais vos Satanás
Con sus llamas y sus cuernos,
Hasta en los mismos infiernos,
Vos delante y yo detrás,

Hemos de entrar, ¡vive Dios!,
Y aunque lo estorbara el cielo,
Que yo he de cumplir mi anhelo
Aun a despecho de vos;

Y perdonadme, señora,
Si hay en mi empeño osadía,
Mas fuera descortesía
Dejaros sola a esta hora,

Y me va en ello mi fama,
Que juro a Dios no quisiera
Que por temor se creyera
Que no he seguido a una dama.»

Del hondo del pecho profundo gemido,
Crujido del vaso que estalla al dolor,
Que apenas medroso lastima el oído,
Pero que punzante rasga el corazón,

Gemido de amargo recuerdo pasado,
De pena presente, de incierto pesar,
Mortífero aliento, veneno exhalado
Del que encubre el alma ponzoñoso mar,

Gemido de muerte lanzó, y silenciosa
La blanca figura su pie resbaló,
Cual mueve sus alas sílfide amorosa
Que apenas las aguas del lago rizó.

¡Ay! el que vio acaso perdida en un día
La dicha que eterna creyó el corazón,
Y en noche de nieblas y en honda agonía
En un mar sin playas muriendo quedó...

Y solo y llevando consigo en su pecho,
Compañero eterno, su dolor cruel,
El mágico encanto del alma deshecho,
Su pena, su amigo y su amante más fiel,

Ha visto la luna brillar en el cielo
Serena y en calma mientras él lloró
Y ha visto los hombres pasar en el suelo
Y nadie a sus quejas los ojos volvió,

Miró sus suspiros llevarlos el viento,
Sus lágrimas tristes perderse en el mar,
Sin nadie que acuda ni entienda su acento,
Insensible el cielo y el mundo a su mal...

Y él mismo, la befa del mundo temblando,
Su pena en su pecho profunda escondió,
Y dentro en su alma su llanto tragando
Con falsa sonrisa su labio vistió!!!...

¡Ay! quien ha contado las horas que fueron,
Horas otro tiempo que abrevió el placer,
Y hoy solo y llorando piensa cómo huyeron
Con ellas por siempre las dichas de ayer.

Y aquellos placeres, que el triste ha perdido,
No huyeron del mundo, que en el mundo están,
Y él vive en el mundo do siempre ha vivido,
Y aquellos placeres para él no son ya!

¡Ay! el que descubre por fin la mentira,
¡Ay! el que la triste realidad palpó,
El que el esqueleto de este mundo mira
Y sus falsas galas loco le arrancó...

¡Ay! aquel que vive solo en lo pasado...!
¡Ay! el que su alma nutre en su pesar,
Las horas que huyeron llamando angustiado,
Las horas que huyeron y no tornarán...

Quien haya sufrido tan bárbaro duelo,
Quien noches enteras contó sin dormir
En lecho de espinas, maldiciendo al cielo,
Horas sempiternas de ansiedad sin fin,

Quien haya sentido quererse del pecho
Saltar a pedazos roto el corazón,
Crecer su delirio, crecer su despecho,
Al cuello cien nudos echarle el dolor,

Ponzoñoso lago de punzante hielo,
Sus lágrimas tristes que cuajó el pesar,
Reventando ahogarle, sin hallar consuelo,
Ni esperanza nunca, ni tregua en su afán...

Aquel, de la blanca fantasma el gemido,
Unica respuesta que a don Félix dio,
Hubiera, y su inmenso dolor, comprendido,
Hubiera pesado su inmenso valor.

D. FELIX
«Si buscáis algún ingrato,
Yo me ofrezco agradecido;

Pero o miente ese recato,
O vos sufrís el mal trato
De algún celoso marido.

»¿Acerté? ¡Necia manía!
Es para volverme loco,
Si insistís en tal porfía;
Con los mudos, reina mía,
Yo hago mucho y hablo poco.»

Segunda vez importunada en tanto,
Una voz de süave melodía
El estudiante oyó que parecía
Eco lejano de armonioso canto,

De amante pecho lánguido latido,
Sentimiento inefable de ternura,
Suspiro fiel de amor correspondido,
El primer sí de la mujer aún pura...

«Para mí los amores acabaron;
Todo en el mundo para mí acabó:
Los lazos que a la tierra me ligaron,
El cielo para siempre desató»,

Dijo su acento misterioso y tierno,
Que de otros mundos la ilusión traía,
Eco de los que ya reposo eterno
Gozan en paz bajo la tumba fría.

Montemar, atento sólo a su aventura,
Que es bella la dama y aun fácil juzgó,
Y la hora, la calle y la noche oscura
Nuevos incentivos a su pecho son.

—Hay riesgo en seguirme. —Mirad ¡qué reparo!
—Quizá luego os pese. —Puede que por vos.
—Ofendéis al cielo. —**Del diablo me amparo.**
—Idos, caballero, no tentéis a Dios.

—Siento me enamora más vuestro despego,
Y si Dios se enoja, pardiez que hará mal:
Véame en vuestros brazos y máteme luego.
—¡Vuestra última hora quizá esta será...!

Dejad ya, don Félix, delirios mundanos.
—¡Hola, me conoce! —¡Ay! ¡Temblad por vos!
¡Temblad no se truequen deleites livianos
En penas eternas! —Basta de sermón,

Que yo para oírlos la cuaresma espero;
Y hablemos de amores, que es más dulce hablar;
Dejad ese tono solemne y severo,
Que os juro, señora, que os sienta muy mal;

La vida es la vida: cuando ella se acaba,
Acaba con ella también el placer.
¿De inciertos pesares por qué hacerla esclava?
Para mí no hay nunca mañana ni ayer.

Si mañana muero, que sea en mal hora
O en buena, cual dicen, ¿qué me importa a mí?
Goce yo el presente, disfrute yo ahora,
Y el diablo me lleve si quiere al morir.

—¡Cúmplase en fin tu voluntad, Dios mío!—
La figura fatídica exclamó:
Y en tanto al pecho redoblar su brío
Siente don Félix y camina en pos.

Cruzan tristes calles,
Plazas solitarias,
Arruinados muros
Donde sus plegarias
Y falsos conjuros,
En la misteriosa
Noche borrascosa,

Maldecida bruja
Con ronca voz canta
Y de los sepulcros
Los muertos levanta.
Y suenan los ecos
De sus pasos huecos
En la soledad,
Mientras en silencio
Yace la ciudad
Y en lúgubre son
Arrulla su sueño
Bramando Aquilón.

Y una calle y otra cruzan,
Y más allá y más allá:
No tiene término el viaje,
Ni nunca dejan de andar.
Y atraviesan, pasan, vuelven,
Cien calles quedando atrás,
Y paso tras paso siguen,
Y siempre adelante van,
Y a confundirse ya empieza
Y a perderse Montemar,
Que ni sabe a do camina,
Ni acierta ya dónde está.
Y otras calles, otras plazas
Recorre y otra ciudad,
Y ve fantásticas torres
De su eterno pedestal
Arrancarse, y sus macizas
Negras masas caminar,
Apoyándose en sus ángulos
Que en la tierra en desigual,
Perezoso tronco fijan,
Y a su monótono andar
Las campanas sacudidas
Misteriosos dobles dan,

Mientras en danzas grotescas
Y al estruendo funeral
En derredor cien espectros
Danzan con torpe compás
Y las veletas sus frentes
Bajan ante él al pasar,
Los espectros le saludan,
Y en cien lenguas de metal
Oye su nombre en los ecos
De las campanas sonar.
Mas luego cesa el estrépito,
Y en silencio, en muda paz
Todo queda, y desaparece
De súbito la ciudad:
Palacios, templos, se cambian
En campos de soledad
Y en un yermo y silencioso
Melancólico arenal,
Sin luz, sin aire, sin cielo,
Perdido en la inmensidad.
Tal vez piensa que camina,
Sin poder parar jamás,
De extraño empuje llevado
Con precipitado afán,
Entretanto que su guía
Delante de él sin hablar,
Sigue misterioso y sigue
Con paso rápido y ya
Se remonta ante sus ojos
En alas del huracán,
Visión sublime, y su frente
Ve fosfórica brillar
Entre lívidos relámpagos
En la densa oscuridad,
Sierpes de luz, luminosos
Engendros del vendaval.
Y cuando duda si duerme,

Si tal vez sueña o está
Loco, si es tanto prodigio,
Tanto delirio verdad,
Otra vez en Salamanca
Súbito vuélvese a hallar,
Distingue los edificios,
Reconoce en donde está,
Y en su delirante vértigo
Al vino vuelve a culpar,
Y jura, y siguen andando
Ella delante, él detrás.

«¡Vive Dios, dice entre sí,
O Satanás se chancea,
O no debo estar en mí,
O el Málaga que bebí
En mi cabeza aun humea.

»Sombras, fantasmas, visiones...
Dale con tocar a muerto,
Y en revueltas confusiones,
Danzando estos torreones
Al compás de tal concierto.

»Y el juicio voy a perder
Entre tantas maravillas,
Que estas torres llegué a ver,
Como mulas de alquiler,
Andando con campanillas.

»¿Y esta mujer quién será?
Mas si es el diablo en persona,
¿A mí qué diantre me da?
Y más que el traje en que va
En esta ocasión, le abona.

»Noble señora, imagino
Que sois nueva en el lugar:

Andar así es desatino;
O habéis perdido el camino,
O esto es andar por andar.

»Ha dado en no responder,
Que es la más rara locura
Que puede hallarse en mujer,
Y en que yo la he de querer
Por su paso de andadura.»

En tanto don Félix a tientas seguía,
Delante camina la blanca visión.
Triplica su espanto la noche sombría,
Sus hórridos gritos redobla Aquilón.

Rechinan girando las férreas veletas,
Crujir de cadenas se escucha sonar,
Las altas campanas, por el viento inquietas,
Pausados sonidos en las torres dan.

Rüido de pasos de gente que viene
A compás marchando con sordo rumor
Y de tiempo en tiempo su marcha detiene
Y rezar parece en confuso son

Llegó de don Félix luego a los oídos.
Y luego cien luces a lo lejos vio,
Y luego en hileras largas divididos
Vio que murmurando con lúgubre voz,

Enlutados bultos andando venían,
Y luego más cerca con asombro ve
Que un féretro en medio y en hombros traían
Y dos cuerpos muertos tendidos en él.

Las luces, la hora, la noche, profundo,
Infernal arcano parece encubrir.
Cuando en hondo sueño yace muerto el mundo
Cuando todo anuncia que habrá de morir

Al hombre, que loco la recia tormenta
Corrió de la vida, del viento a merced,
Cuando una voz triste las horas le cuenta
Y en lodo sus pompas convertidas ve,

Forzoso es que tenga de diamante el alma
Quien no sienta el pecho de horror palpitar,
Quien como don Félix, con serena calma
Ni en Dios ni en el diablo se ponga a pensar.

Así en tardos pasos, todos murmurando,
El lúgubre entierro ya cerca llegó,
Y la blanca dama devota rezando
Entrambas rodillas en tierra dobló.

Calado el sombrero y en pie, indiferente
El féretro mira don Félix pasar,
Y al paso pregunta con su aire insolente
Los nombres de aquellos que al sepulcro van.

Mas ¡cuál su sorpresa, su asombro cuál fuera,
Cuando horrorizado con espanto ve
Que el uno don Diego de Pastrana era,
Y el otro. ¡Dios santo!, y el otro era él...!

El mismo, su imagen, su misma figura,
Su mismo semblante, que él mismo era en fin:
Y duda y se palpa y fría pavura
Un punto en sus venas sintió discurrir.

Al fin era hombre, y un punto temblaron
Los nervios del hombre, y un punto temió;
Mas pronto su antiguo vigor recobraron,
Pronto su fiereza volvió al corazón.

—Lo que es, dijo, por Pastrana,
Bien pensado está el entierro;

Mas es diligencia vana
Enterrarme a mí, y mañana
Me he de quejar de este yerro.

Diga, señor enlutado,
¿A quién llevan a enterrar?
—Al estudiante endiablado
Don Félix de Montemar—,
Respondió el encapuchado.

—Mientes, truhán. —No por cierto.
—Pues decidme a mí quién soy,
Si gustáis, porque no acierto
Cómo a un mismo tiempo estoy
Aquí vivo y allí muerto.

—Yo no os conozco. —Pardiez,
Que si me llego a enojar,
Tus burlas te haga llorar
De tal modo, que otra vez
Conozcas ya a Montemar.

¡Villano!..., mas esto es
Ilusión de los sentidos,
El mundo que anda al revés,
Los diablos entretenidos
En hacerme dar traspiés.

¡El fanfarrón de don Diego!
De sus mentiras reniego,
Que cuando muerto cayó,
Al infierno se fue luego
Contando que me mató.

Diciendo así, soltó una carcajada
Y las espaldas con desdén volvió:
Se hizo el bigote, requirió la espada
Y a la devota dama se acercó.

Conque, en fin, ¿dónde vivís?
Que se hace tarde, señora.
—Tarde, aún no; de aquí a una hora
Lo será. —Verdad decís.
Será más tarde que ahora.

Esa voz con que hacéis miedo,
De vos me enamora más:
Yo me he echado el alma atrás;
Juzgad si me dará un bledo
De Dios ni de Satanás.

—Cada paso que avanzáis
Lo adelantáis a la muerte,
Don Félix. ¿Y no tembláis,
Y el corazón no os advierte
Que a la muerte camináis?

Con eco melancólico y sombrío
Dijo así la mujer, y el sordo acento,
Sonando en torno del mancebo impío,
Rugió en la voz del proceloso viento.

Las piedras con las piedras se golpearon,
Bajo sus pies la tierra retembló,
Las aves de la noche se juntaron,
Y sus alas crujir sobre él sintió,

Y en la sombra unos ojos fulgurantes
Vio en el aire vagar que espanto inspiran,
Siempre sobre él saltándose anhelantes:
Ojos de horror que sin cesar le miran.

Y los vio y no tembló: mano a la espada
Puso y la sombra intrépido embistió,
Y ni sombra encontró ni encontró nada:
Sólo fijos en él los ojos vio.

Y alzó los suyos impaciente al cielo
Y rechinó los dientes y maldijo,
Y en él creciendo el infernal anhelo,
Con voz de enojo blasfemando dijo:

«Seguid, señora, y adelante vamos:
Tanto mejor si sois el diablo mismo,
Y Dios y el diablo y yo nos conozcamos,
Y acábese por fin tanto embolismo.

»Que de tanto sermón, de farsa tanta,
Juro, pardiez, que fatigado estoy:
Nada mi firme voluntad quebranta,
Sabed en fin que donde vayáis voy.

»Un término no más tiene la vida,
Término fijo; un paradero el alma:
Ahora adelante.» Dijo, y en seguida
Camina en pos con decidida calma.

Y la dama a una puerta se paró,
Y era una puerta altísima, y se abrieron
Sus hojas en el punto en que llamó,
Que a un misterioso impulso obedecieron,
Y tras la dama el estudiante entró:
Ni pajes ni doncellas acudieron,
Y cruzan a la luz de unas bujías
Fantásticas, desiertas galerías.

Y la visión como engañoso encanto
Por las losas deslízase sin ruido,
Toda encubierta bajo el blanco manto
Que barre el suelo en pliegues desprendido.
Y por el largo corredor en tanto
Sigue adelante, y síguela atrevido,
Y su temeridad raya en locura,
Resuelto Montemar a su aventura.

Las luces, como antorchas funerales,
Lánguida luz y cárdena esparcían
Y en torno, en movimientos desiguales,
Las sombras se alejaban o venían:
Arcos aquí ruinosos, sepulcrales,
Urnas allí y estatuas se veían,
Rotas columnas, patios mal seguros,
Yerbosos, tristes, húmedos y oscuros.

Todo vago, quimérico y sombrío,
Edificio sin base ni cimiento
Ondula cual fantástico navío
Que anclado mueve borrascoso viento.
En un silencio aterrador y frío
Yace allí todo: ni rumor, ni aliento
Humano nunca se escuchó. Callado,
Corre allí el tiempo, en sueño sepultado.

Las muertas horas a las muertas horas
Siguen en el reloj de aquella vida,
Sombras de horror girando aterradoras,
Que allá aparecen en medrosa huída:
Ellas solas y tristes moradoras
De aquella negra, funeral guarida,
Cual soñada fantástica quimera,
Vienen a ver al que su paz altera.

Y en él enclavan los hundidos ojos
Del fondo de la larga galería,
Que brillan lejos cual carbones rojos,
Y espantaran la misma valentía:
Y muestran en su rostro sus enojos
Al ver hollada su mansión sombría,
Y ora en grupos delante se aparecen,
Ora en la sombra allá se desvanecen.

Grandiosa, satánica figura,
Alta la frente, Montemar camina,

Espíritu sublime en su locura,
Provocando la cólera divina:
Fábrica frágil de materia impura,
El alma que la alienta y la ilumina
Con Dios le iguala, y con osado vuelo
Se alza a su trono y le provoca á duelo.

Segundo Lucifer que se levanta
Del rayo vengador la frente herida,
Alma rebelde que el temor no espanta,
Hollada sí, pero jamás vencida:
El hombre, en fin, que en su ansiedad quebranta
Su límite á la cárcel de la vida,
Y a Dios llama ante él a darle cuenta,
Y descubrir su inmensidad intenta.

Y un báquico cantar tarareando,
Cruza aquella quimérica morada
Con atrevida indiferencia andando,
Mofa en los labios y la vista osada,
Y el rumor que sus pasos van formando
Y el golpe que al andar le da la espada,
Tristes ecos, siguiéndole detrás,
Repiten con monótono compás.

Y aquel extraño y único rüido
Que de aquella mansión los ecos llena,
En el suelo y los techos repetido,
En su profunda soledad resuena,
Y expira allá cual funeral gemido
Que lanza en su dolor la ánima en pena,
Que al fin del corredor largo y oscuro
Salir parece de entre el roto muro.

Y en aquel otro mundo y otra vida,
Mundo de sombras, vida que es un sueño,
Vida que con la muerte confundida
Ciñe sus sienes con letal beleño,

Mundo, vaga ilusión descolorida
De nuestro mundo y vaporoso ensueño,
Son aquel ruido y su locura insana
La sola imagen de la vida humana.


Que allá su blanca y misteriosa guía
De la alma dicha la ilusión parece,
Que ora acaricia la esperanza impía,
Ora al tocarla ya se desvanece:
Blanca, flotante nube, que en la umbría
Noche en alas del céfiro se mece,
Su airosa ropa, desplegada al viento,
Semeja en su callado movimiento,


Humo süave de quemado aroma
Que el aire en ondas a perderse asciende,
Rayo de luna que a la parda loma,
Cual un broche en su cima el éter prende,
Silfa que con el alba envuelta asoma
Y al nebuloso azul sus alas tiende
De negras sombras y de luz teñidas,
Entre el alba y la noche confundidas.


Y ágil, veloz, aérea y vaporosa,
Que apenas toca con los pies al suelo,
Cruza aquella morada tenebrosa
La mágica visión del blanco velo:
Imagen fiel de la ilusión dichosa
Que acaso el hombre encontrará en el cielo,
Pensamiento sin fórmula y sin nombre,
Que hace rezar y blasfemar al hombre.


Y al fin del largo corredor llegando
Montemar sigue su callada guía,
Y una de mármol negro va bajando
De caracol torcida gradería,

# El estudiante de Salamanca

Larga, estrecha y revuelta, y que girando
En torno de él, y sin cesar, veía
Suspendida en el aire y con violento,
Veloz, vertiginoso movimiento.

Y en eterna espiral y en remolino
Infinito prolóngase y se extiende,
Y el juicio pone en loco desatino
A Montemar que en tumbos mil desciende,
Y envuelto en el violento torbellino
Al aire se imagina, y se desprende
Y sin que el raudo movimiento ceda,
Mil vueltas dando, a los abismos rueda,

Y de escalón en escalón cayendo,
Blasfema y jura con lenguaje inmundo,
Y su furioso vértigo creciendo,
Y despeñado rápido al profundo,
Los silbos ya del huracán oyendo,
Ya ante él pasando en confusión el mundo,
Ya oyendo gritos, voces y palmadas,
Y aplausos y brutales carcajadas,

Llantos y ayes, quejas y gemidos,
Mofas, sarcasmos, risas y denuestos,
Y en mil grupos acá y allá reunidos,
Viendo debajo de él, sobre él enhiestos,
Hombres, mujeres, todos confundidos,
Con sandia pena, con alegres gestos,
Que con asombro estúpido le miran
Y en el perpetuo remolino giran.

Siente por fin que de repente para,
Y un punto sin sentido se quedó:
Mas luego valeroso se repara,
Abrió los ojos y de pie alzó.
Y fue el primer objeto en que pensara
La blanca dama, y alredor miró,

Y al pie de un triste monumento hallóla,
Sentada en medio de la estancia, sola.

Era un negro solemne monumento
Que en medio de la estancia se elevaba,
Y a un tiempo a Montemar, ¡raro portento!,
Una tumba y un lecho semejaba:
Ya imaginó su loco pensamiento
Que abierta aquella tumba le aguardaba;
Ya imaginó también que el lecho era
Tálamo blando que al esposo espera.

Y pronto recobrada su osadía,
Y a terminar resuelto su aventura,
Al cielo y al infierno desafía
Con firme pecho y decisión segura:
A la blanca visión su planta guía,
Y a descubrirse el rostro la conjura,
Y a sus pies Montemar tomando asiento,
Así la habló con animoso acento:

«Diablo, mujer o visión,
Que a juzgar por el camino
Que conduce a esta mansión,
Eres puro desatino
O diabólica invención:

»Si quier de parte de Dios,
Si quier de parte del diablo,
¿Quién nos trajo aquí a los dos?
Decidme, en fin, ¿quién sois vos?
Y sepa yo con quién hablo.

»Que más que nunca palpita
Resuelto mi corazón,
Cuando en tanta confusión,
Y en tanto arcano que irrita,
Me descubre mi razón

»Que un poder aquí supremo,
Invisible se ha mezclado,
Poder que siento y no temo,
A llevar determinado
Esta aventura al extremo.»

Fúnebre
Llanto
De amor
Oyese
En tanto
En son

Flébil, blando,
Cual quejido
Dolorido
Que del alma
Se arrancó:
Cual profundo
¡Ay! que exhala
Moribundo
Corazón.

Música triste,
Lánguida y vaga,
Que a par lastima
Y el alma halaga;
Dulce armonía
Que inspira al pecho
Melancolía,
Como el murmullo
De algún recuerdo
De antiguo amor,
A un tiempo arrullo
Y amarga pena
Del corazón.
Mágico embeleso,
Cántico ideal

Que en los aires vaga
Y en sonoras ráfagas
Aumentado va:
Sublime y oscuro,
Rumor prodigioso,
Sordo acento lúgubre,
Eco sepulcral,
Músicas lejanas,
De enlutado parche
Redoble monótono,
Cercano huracán,
Que apenas la copa
Del árbol menea
Y bramando está:
Olas alteradas
De la mar bravía,
En noche sombría
Los vientos en paz,
Y cuyo rugido
Se mezcla al gemido
Del muro que trémulo
Las siente llegar:
Pavoroso estrépito,
Infalible présago
De la tempestad.


Y en rápido *crescendo*
Los lúgubres sonidos
Más cerca vanse oyendo
Y en ronco rebramar
Cual trueno en las montañas
Que retumbando va,
Cual rugen las entrañas
De horrísono volcán.


Y algazara y gritería,
Crujir de afilados huesos,

Rechinamiento de dientes
Y retemblar los cimientos
Y en pavoroso estallido
Las losas del pavimento
Separando sus junturas
Irse poco a poco abriendo,
Siente Montemar, y el ruido
Más cerca crece, y a un tiempo
Escucha chocarse cráneos
Ya descarnados y secos,
Temblar en torno la tierra,
Bramar combatidos vientos,
Rugir las airadas olas,
Estallar el ronco trueno,
Exhalar tristes quejidos
Y prorrumpir en lamentos:
Todo en furiosa armonía,
Todo en frenético estruendo,
Todo en confuso trastorno,
Todo mezclado y diverso.


Y luego el estrépito crece
Confuso y mezclado en un son,
Que ronco en las bóvedas hondas
Tronando furioso zumbó
Y un eco que agudo parece
Del ángel del juicio la voz,
En tiple, punzante alarido
Medroso y sonoro se alzó:
Sintió removidas las tumbas
Crujir a sus pies con fragor,
Chocar en las piedras los cráneos
Con rabia y ahínco feroz,
Romper intentando la losa
Y huir de su eterna mansión
Los muertos, de súbito oyendo
El alto mandato de Dios.

Y de pronto en horrendo estampido
Desquiciarse la estancia sintió,
Y al tremendo tartáreo ruido
Cien espectros alzarse miró:
De sus ojos los huecos fijaron
Y sus dedos enjutos en él,
Y después entre sí se miraron,
Y a mostrarle tornaron después.
Y enlazadas las manos siniestras,
Con dudoso, espantado ademán
Contemplando, tendidas sus diestras,
Con asombro al osado mortal,
Se acercaron despacio y la seca
Calavera, mostrando temor,
Con inmóvil, irónica mueca
Inclinaron, formando enredor.

Y entonces la visión del blanco velo
Al fiero Montemar tendió una mano,
Y era su tacto de crispante hielo,
Y resistirlo audaz intentó en vano:

Galvánica, cruel, nerviosa y fría,
Histérica y horrible sensación,
Toda la sangre coagulada envía
Agolpada`y helada al corazón...

Y a su despecho y maldiciendo al cielo,
De ella apartó su mano Montemar,
Y temerario alzándole su velo,
Tirando de él la descubrió la faz.

*¡Es su esposo!!* los ecos retumbaron,
*¡La esposa al fin que su consorte halló!!*
Los espectros con júbilo gritaron,
*¡Es el esposo de su eterno amor!!*

Y ella entonces gritó: *¡Mi esposo!!* Y era
(¡Desengaño fatal! ¡triste verdad!)

Una sórdida, horrible calavera
La blanca dama del gallardo andar!...

Luego un caballero de espuela dorada,
Airoso, aunque el rostro con mortal color,
Traspasado el pecho de fiera estocada,
Aun brotando sangre de su corazón,

Se acerca y le dice, su diestra tendida,
Que impávido estrecha también Montemar:
—Al fin la palabra que disteis cumplida,
Doña Elvira, vedla, vuestra esposa es ya,

Mi muerte os perdono. —Por cierto, don Diego,
Repuso don Félix, tranquilo a su vez,
Me alegro de veros con tanto sosiego,
Que a fe no esperaba volveros a ver.

En cuanto a ese espectro que decís mi esposa,
Raro casamiento venísme a ofrecer:
Su faz no es por cierto ni amable ni hermosa;
Mas no se os figure que os quiera ofender.

Por mujer la tomo, porque es cosa cierta,
Y espero no salga fallido mi plan,
Que en caso tan raro y mi esposa muerta,
Tanto como viva no me cansará.

Mas antes decidme si Dios o el demonio
Me trajo a este sitio, que quisiera ver
Al uno u al otro, y en mi matrimonio
Tener por padrino siquiera a Luzbel.

Cualquiera, o entrambos con su corte toda,
Estando estos nobles espectros aquí,
No perdiera mucho viniendo a mi boda...
Hermano don Diego, ¿no pensáis así?

Tal dijo don Félix con fruncido ceño,
En torno arrojando con fiero ademán
Miradas audaces de altivo desdeño,
Al Dios por quien jura capaz de arrostrar.


El cariado, lívido esqueleto,
Los fríos, largos y asquerosos brazos
Le enreda en tanto en apretados lazos
Y ávido le acaricia en su ansiedad.
Y con su boca cavernosa busca
La boca a Montemar, y a su mejilla
La árida, descarnada y amarilla
Junta y refriega repugnante faz.


Y él, envuelto en sus secas coyunturas,
Aun más sus nudos que se aprietan siente,
Baña un mar de sudor su ardida frente
Y crece en su impotencia su furor.
Pugna con ansia a desasirse en vano,
Y cuanto más airado forcejea
Tanto más se le junta y le desea
El rudo espectro que le inspira horror.


Y en furioso, veloz remolino,
Y en aérea fantástica danza
Que la mente del hombre no alcanza
En su rápido curso a seguir,
Los espectros su ronda empezaron,
Cual en círculos raudos el viento
Remolinos de polvo violento
Y hojas secas agita sin fin.


Y elevando sus áridas manos,
Resonando cual lúgubre eco
Levantóse en su cóncavo hueco
Semejante a un aullido una voz
Pavorosa, monótona, informe,
Que pronuncia sin lengua ni boca,

El estudiante de Salamanca

Cual la voz que del áspera roca
En los senos el viento formó.

«Cantemos, dijeron sus gritos,
La gloria, el amor de la esposa,
Que enlaza en sus brazos dichosa
Por siempre al esposo que amó:
Su boca a su boca se junte,
Y selle su eterna delicia
Süave, amorosa caricia
Y lánguido beso de amor.

»Y en mutuos abrazos unidos,
Y en blando y eterno reposo
La esposa enlazada al esposo,
Por siempre descansen en paz.
Y en fúnebre luz ilumine
Sus bodas fatídica tea,
Les brinde deleites y sea
La tumba su lecho nupcial.»

Mientras, la ronda frenética,
Que en raudo giro se agita,
Más cada vez precipita
Su vértigo sin ceder,
Más cada vez se atropella,
Más cada vez se arrebata,
Y en círculos se desata
Violentos más cada vez

Y escapa en rueda quimérica,
Y negro punto parece
Que en torno se desvanece
A la fantástica luz,
Y sus lúgubres aullidos
Que pavorosos se extienden,
Los aires rápidos hienden
Más prolongados aún.

Y a tan continuo vértigo,
A tan funesto encanto,
A tan horrible canto,
A tan tremenda lid
Entre los brazos lúbricos
Que aprémianle sujeto
Del hórrido esqueleto,
Entre caricias mil,

Jamás vencido el ánimo,
Su cuerpo ya rendido
Sintió desfallecido
Faltarle Montemar;
Y a par que más su espíritu
Desmiente su miseria,
La flaca, vil materia
Comienza á desmayar.

Y siente un confuso,
Loco devaneo,
Languidez, mareo
Y angustioso afán,
Y sombras y luces,
La estancia que gira,
Y espíritus mira
Que vienen y van.
Y luego a lo lejos,
Flébil en su oído,
Eco dolorido
Lánguido sonó,
Cual la melodía
Que el aura amorosa,
Y el aura armoniosa
De noche formó,

Y siente luego
Su pecho ahogado,
Y, desmayado,

Turbios sus ojos,
Sus graves párpados
Flojos caer:
La frente inclina
Sobre su pecho,
Y a su despecho,
Siente sus brazos
Lánguidos, débiles
Desfallecer.

Y vio luego
Una llama
Que se inflama
Y, murió;
Y perdido,
Oyó el eco
De un gemido
Que expiró.

Tal, dulce,
Suspira
La lira
Que hirió
En blando
Concento
Del viento
La voz,

Leve,
Breve
Son.

En tanto en nubes de carmín y grana
Su luz el alba arrebolada envía,
Y alegre regocija y engalana
Las altas torres el naciente día:
Sereno el cielo, calma la mañana,
Blanda la brisa, transparente y fría,

Vierte a la tierra el sol con su hermosura
Rayos de paz y celestial ventura.

Y huyó la noche, y con la noche huían
Sus sombras y quiméricas mujeres,
Y a su silencio y calma sucedían
El bullicio y rumor de los talleres,
Y a su trabajo y a su afán volvían
Los hombres y á sus frívolos placeres,
Algunos hoy volviendo a su faena
De zozobra y temor el alma llena:

¡Que era pública voz, que llanto arranca
Del pecho pecador y empedernido,
Que en forma de mujer y en una blanca
Túnica misteriosa revestido,
Aquella noche el diablo a Salamanca
Había, en fin, por Montemar venido!!
*Y si, lector, dijerdes ser comento,*
*Como me lo contaron, te lo cuento.*

# El diablo mundo
*A mi amigo don Antonio Ros de Olano*

## *Introducción*

CORO DE DEMONIOS
  Boguemos, boguemos,
La barca empujad,
Que rompa las nubes,
Que rompa las nieblas,
Los aires, las llamas,
Las densas tinieblas,
Las olas del mar.

  Boguemos, crucemos
Del mundo el confín;
Que hoy su triste cárcel quiebran
Libres los diablos en fin,
Y con música y estruendo
Los condenados celebran,
Juntos cantando y bebiendo,
Un diabólico festín.

EL POETA

  ¿Qué rumor
Lejos suena,
Que el silencio
En la serena
Negra noche interrumpió?

  ¿Es del caballo la veloz carrera,
Tendido en el escape volador,
O el áspero rugir de hambrienta fiera,
O el silbido tal vez del Aquilón?

  ¿O el eco ronco de lejano trueno
Que en las hondas cavernas retumbó,
O el mar que amaga con su hinchado seno,
Nuevo Luzbel, al trono de su Dios?

  Densa niebla
Cubre el cielo,
Y de espíritus
Se puebla
Vagarosos,
Que aquí el viento
Y allí cruzan,
Vaporosos
Y sin cuento.

  Y aquí tornan,
Y allí giran,
Ya se juntan,
Se retiran,
Ya se ocultan,
Ya aparecen,
Vagan, vuelan,
Pasan, huyen,

Vuelven, crecen,
Disminuyen,
Se evaporan,
Se coloran,
Y entre sombras
Y reflejos,
Cerca y lejos
Ya se pierden,
Ya me evitan
Con temor,
Ya se agitan
Con furor,
En aérea danza fantástica
A mi alrededor.

  Vago enjambre de vanos fantasmas,
De formas diversas, de vario color,
En cabras y sierpes montados y en cuervos,
Y en palos de escobas, con sordo rumor,

  Baladros lanzan y aullidos,
Silbos, relinchos, chirridos,
Y en desacordado estrépito,
El fantástico escuadrón
Mueve horrenda algarabía,
Con espantosa armonía
Y horrísona confusión.

  Del toro ardiente al mugido
Responde en ronco graznar
La malhadada corneja,
Y al agorero cantar
De alguna hechicera vieja,
El gato bufa y maúlla,
El lobo erizado aúlla,
Ladra furioso el mastín;
Y ruidos, voces y acentos
Mil se mezclan y confunden,

Y pavor y miedo infunden
Los bramidos de los vientos;
Que al mundo amagan su fin
En guerra los elementos.

Relámpago rápido
Del cielo las bóvedas
Con luz rasga cárdena
Y encima descúbrese
Jinete fantástico,
Quizá el genio indómito
De la tempestad.

De cien truenos juntos retumba el fragor
En bosques, montañas, cavernas, torrentes:
Quizá son del miedo los genios potentes
Que el cántico entonan de espanto y terror.

Lanzando bramidos hórridos,
Y tronchando añosos árboles,
Irresistible su ímpetu,
Teñida en colores lívidos,
Gigante forma flamígera
Cabalga en el huracán.
Quizá el genio de la guerra,
Cuya frente tornasola
Con roja vaga aureola
El relámpago fugaz.

Aquí retiembla la tierra,
Allí rebrama la mar,
Altísima catarata
Zumba y despéñase allá.

Allí torrentes de lava
Lanza mugiente volcán,
Aquí temerosa tromba
Se agita en la tempestad,

# El diablo mundo

Y agua, fuego, peñas, árboles
Avida sorbe al pasar.
Allí colgada la luna,
Con torva, cárdena faz,

Triste, fatídica, inmóvil
En la inmensa oscuridad,
Más entristece que alumbra,
Cual lámpara sepulcral.

Allí bramidos de guerra
Se escuchan, y el golpear
Del acero, y de las trompas
El estrépito marcial.

Aquí relinchar caballos
Y estruendo de pelear;
Allí retumban cañones,
Lamentos suenan allá.

Y alaridos, voces, ayes
Y súplicas y llorar;
Aquí desgarradas músicas
Y cantares, acullá

Ruido de gentes que danzan
Con bullicioso compás;
Acá risas y murmullos,
Riñas y gritos allá.

Allí el estruendo se escucha
De amotinada ciudad,
Carcajadas, orgias, brindis,
Y maldecir y jurar.

Aquí el susurro entre flores
Del cefirillo galán,

Allí el eco interrumpido
De algún suspiro fugaz.

Ora un beso, una palabra,
De alguna trova el final;
Todo en confusa discordia
Se oye a un tiempo resonar,

Breve compendio del mundo,
La tartárea bacanal,
Y trastornan y confunden
Tanto estrépito a la par:

Y aturden, turban, marean
Tanta visión, tanto afán.

UN CORO
　Allá va la nave;
¿Quién sabe do va?
¡Ay! ¡Triste el que fía
Del viento y la mar!

UNA VOZ
　¿Qué importa? El destino
Su rumbo marcó.
¿Quién nunca sus leyes
Mudar alcanzó?
Allá va la nave;
Bogad sin temor,
Ya el aura la arrulle,
Ya silbe Aquilón.

SEGUNDO CORO
　Venid, levantemos
Segunda Babel,
El velo arranquemos
Que esconde al saber.

**UNA VOZ**
Verdad, te buscamos:
Osamos subir
Al último cielo
Volando tras ti.
Con noble avaricia
Y en ansia sin fin
De ver cuanto ha sido
Y está por venir.

**TERCER CORO**
Mentira, tú eres
Luciente cristal,
Color de oro y nácar
Que encanta el mirar.

**UNA VOZ**
Feliz a quien meces,
Mentira, en tus sueños,
Tú sola halagüeños
Placeres nos das.
¡Ay! ¡Nunca busquemos
La triste verdad!
La más escondida
Tal vez, ¿qué traerá?
¡Traerá un desengaño!
¡Con él un pesar!


*Varias voces*


**PRIMERA VOZ**
Yo combato por la gloria,
Su corona es de laurel,
Cántame versos, poeta,
Póstrate, mundo, a mis pies.

SEGUNDA VOZ

　Yo levantaré un palacio
Que oro y perlas ornarán,
Príncipes serán mis siervos,
El pueblo, Dios me creerá.

TERCERA VOZ

　Venid, hermosas, a mí,
Dadme deleite y amor,
Voluptuosa pereza,
Besos de dulce sabor;
Y entre perfumes y aromas,
Bullentes vinos, y al son
Del arpa, blanda me arrulle
Y armoniosa vuestra voz.

CUARTA VOZ

　Venid, empujadme,
La cima toqué,
Subidme, que luego
La mano os daré.

QUINTA VOZ

　¡Ah! Yo caí de la elevada cumbre
En honda sima que a mis pies se abrió:
¡Grande es mi pena, larga mi agonía!...
¡Una mano! ¡Ayudadme! ¡Compasión!

SEXTA VOZ

　Errante y amarrado a mi destino,
Vago solo y en densa oscuridad.
¡Siempre viajando estoy, y mi camino
Ni descanso ni término tendrá!

SEPTIMA VOZ

　Sin pena vivamos
En calma feliz,

El diablo mundo

Gozar es mi estrella,
Cantar y reír.

OCTAVA VOZ

¿Quién calmará mi dolor?
¿Quién enjugará mi llanto?
¿No habrá alivio a mi quebranto?
¿Nadie escucha mi clamor?

EL POETA

¿Dónde estoy? Tal vez bajé
A la mansión del espanto,
Tal vez yo mismo creé
Tanta visión, sueño tanto,
Que donde estoy ya no sé.

Hórrida turba quizá
Que en tormenta y confusión,
A anunciar al mundo va
Su ruina y desolación,
Mensajeros de Jehová:

¿Quiénes sois, genios sombríos
Que junto a mí os agolpáis?
¿Sois vanos delirios míos,
O sois verdad? ¿Qué buscáis?
¿Qué queréis? ¿Adónde vais?

Mas de la célica cumbre
Llameante catarata
En ondas de viva lumbre
Súbito miro saltar.
Y ola tras ola de fuego
Vuela en el aire y se alcanza
Con estruendo y furor ciego,
Como despeñado mar.

    Y al hondo abismo en seguida
Se precipita y se pierde
La catarata encendida
Que en arco rápido cae.
    Océano inmenso volcado
Rojos los aires incendia,
En tumbos arrebatado
Recia tormenta lo trae.


    Y en medio negra figura
Levantada en pie se mece,
De colosal estatura
Y de imponente ademán.
    Sierpes son su cabellera
Que sobre su frente silban,
Su boca espantosa y fiera
Como el cráter de un volcán.


    De duendes y trasgos
Muchedumbre vana
Se agita y se afana
En pos su señor.
    Y allí entre las llamas
Resbalan, se lanzan,
Y juegan y danzan
Saltando en redor.


    Bullicioso séquito
Que vienen y van,
Visiones fosfóricas,
Ilusión quizá.
    Trémulas imágenes
Sin marcada faz,
Su voz sordo estrépito
Que se oye sonar,
Cual zumbido unísono
De mosca tenaz.

Allí entre las llamas
Hirviendo en montón,
No cesa su ronco
Monótono son,
Murmurando a un tiempo mismo
Todos juntos y a una voz,
Y apareciéndose súbito
Ora fuego, ora vapor.

Tendió una mano el infernal gigante
Y la turba calló, y oyóse sólo
En silencio el estrépito atronante
Del flamígero mar: luego un acento
Claro, distinto, rápido y sonoro
Por la vaga región cruzó del viento
Con rara, melancólica armonía,
Que brotaba doquiera,
Y un eco en derredor lo repetía.

Voz admirable, y vaga, y misteriosa,
Viene de allá del alto firmamento,
Crece bajo la tierra temblorosa,
Vaga en las alas del callado viento.
Voz de amargo placer, voz dolorosa,
Incomprensible mágico portento,
Voz que recuerda al alma conmovida
El bien pasado y la ilusión perdida.

«¡Ay!», exclamó, con lamentable queja,
Y en torno resonó triste gemido,
Como el recuerdo que en el alma deja
La voz de la mujer que hemos querido.
«¡Ay! ¡Cuán terrible condición me aqueja
Para llorar y maldecir nacido,
Víctima yo de mi fatal deseo,
Que cumplirse jamás mis ansias veo!

»¿Quién es Dios? ¿Dónde está? Sobre la cumbre
De eterna luz que altísima se ostenta,

Tal vez en trono de celeste lumbre
Su incomprensible majestad se asienta:
De mundos mil la inmensa pesadumbre
Con su mano tal vez rige y sustenta,
Sempiterno, infinito, omnipotente,
Invisible doquier, doquier presente.

»Y allá en la gran Jerusalén divina
Tal vez escucha en holocausto santo
Del querub que a sus pies la frente inclina,
Voces que exhalan armonioso canto.
La máquina sonora y cristalina
Del mundo rueda en derredor en tanto,
Y entre aromas, y gloria, y resplandores,
Recibe humilde adoración y amores.

»*Santo, Santo,* los ángeles le cantan,
*Hosanna, Hosanna,* en las alturas suena,
Rayos de luz perfilan y abrillantan
Nube de incienso y transparencia llena;
Y en ella con murmullo se levantan,
Paz demandando a la mansión serena,
Las preces de los hombres en su duelo,
Y paz les vuelve y bendición el cielo.

»¿Es Dios tal vez el Dios de la venganza
Y hierve el rayo en su irritada mano,
Y la angustia, el dolor, la muerte lanza
Al inocente que le implora en vano?
¿Es Dios el Dios que arranca la esperanza,
Frívolo, injusto y sin piedad tirano,
Del corazón del hombre, y le encadena
Y a eterna muerte al pecador condena?

»Embebido en su inmenso poderío,
¿Es Dios el Dios que goza en su hermosura,

Que arrojó el universo en el vacío,
Leyes le dio y abandonó su hechura?
¿Fue vanidad del hombre y desvarío
Soñarse imagen de su imagen pura?
¿Es Dios el Dios que en su eternal sosiego
Ni vio su llanto ni escuchó su ruego?

»¿Tal vez, secreto espírtu del mundo,
El universo anima y alimenta,
Y derramado su hálito fecundo
Alborota la mar y el cielo argenta,
Y a cuanto el orbe en su ámbito profundo
Tímido esconde o vanidoso ostenta,
Presta, con su virtud desconocida,
Alma, razón, entendimiento y vida?

»¿Y es Dios tal vez la inteligencia osada
Del hombre, siempre en ansias insaciable,
Siempre volando y siempre aprisionada
De vil materia en cárcel deleznable?
¿A esclavitud eterna condenada,
A fiera lucha, a guerra interminable,
Tal vez estás, divinidad sublime,
Que otra divinidad de inercia oprime?

»¿Y es en su vida el universo entero
Ilimitado campo de pelea,
Cada elemento un triste prisionero
Que su cadena quebrantar desea,
Y ardes en todo, espíritu altanero,
Lumbre matriz, devoradora tea,
Como el que oculto, misterioso aliento
Mueve la mar con loco movimiento?

»¿Cuándo tu guerra término tendrá
Y romperás tu lóbrega prisión?
¿Su faz el universo cambiará?
¿Creará otros seres de inmortal blasón,

O la muerte silencio te impondrá?
¿Volarás fugitivo a otra región
O, disipando la materia impura,
El mundo inundarás de tu hermosura?»

—«¿Quién sabe? Acaso yo soy
El espíritu del hombre
Cuando remonta su vuelo
A un mundo que desconoce,
Cuando osa apartar los rayos
Que a Dios misterioso esconden,
Y analizarle atrevido
Frente a frente se propone.
Y entre tanto que impasibles
Giran cien mundos y soles
Bajo la ley que gobierna
Sus movimientos acordes,
Traspasa su estrecho límite
La imaginación del hombre,
Jinete sobre las alas
De mi espíritu veloces,
Y otra vez va a mover guerra,
A alzar rebeldes pendones,
Y hasta el origen creador
Causa por causa recorre,
Y otra vez se hunde conmigo
En los abismos, en donde
En tiniebla y lobreguez
Maldice a su Dios entonces.
¡Ay! Su corazón se seca,
Y huyen de él sus ilusiones,
Delirio son engañoso
Sus placeres, sus amores,
Es su ciencia vanidad,
Y mentira son sus goces:
¡Sólo verdad su impotencia,
Su amargura y sus dolores!

»Tú me engendraste, mortal,
Y hasta me distes un nombre;
Pusiste en mí tus tormentos,
En mi alma tus rencores,
En mi mente tu ansiedad,
En mi pecho tus furores,
En mi labio tus blasfemias
E impotentes maldiciones;
Me erigiste en tu verdugo,
Me tributaste temores,
Y entre Dios y yo partiste
El imperio de los orbes.
Y yo soy parte de ti,
Soy ese espíritu insomne
Que te excita y te levanta
De tu nada a otras regiones,
Con pensamientos de ángel,
Con mezquindades de hombre.

»Tú te agitas como el mar
Que alza sus olas enormes,
Humanidad, en oleadas,
Por quebrantar tus prisiones.
¿Y en vano será que empujes,
Que ondas con ondas agolpes,
Y de tu cárcel la linde
Con vehemente furia azotes?
¿Será en vano que tu mente
A otras esferas remontes,
Sin que los negros arcanos
De vida y de muerte ahondes?
¿Viajas tal vez hacia atrás?
¿Adelante tal vez corres?
¿Quizá una ley te subyuga?
¿Quizá vas sin saber dónde?
Las creencias que abandonas,

Los templos, las religiones
Que pasaron, y que luego
Por mentira reconoces,
¿Son quizá menos mentira
Que las que ahora te forjes?
¿No serán tal vez verdades
Los que tú juzgas errores?

»Más tú como yo impulsada
Por una mano de bronce,
Allá vas, y en vano, en vano
Descanso pides a voces;
Los siglos se precipitan,
Se hunden cien generaciones,
Piérdense imperios y pueblos,
Y el olvido los esconde;
Y tú allá vas, allá vas
Abandonada y sin norte,
Despeñada y de tropel
Y en aparente desorden;
Y ora inundas la llanura,
Allanas luego los montes,
No hay hondo abismo ni cielo
que a descubrir no te arrojes.
¡Pobre ciega!, loca errante,
Aquí sagaz, allí torpe,
Tú misma para ti misma
Toda arcano y confusiones.

»Y ya por senda trazada
Viajes sometida y dócil,
Y sigas crédula en paz
Las huellas de tus mayores,
Ya nuevas galas te vistas
Y de las antiguas mofes,
Y, rebelde, de tus hierros
Muerdas ya los eslabones,
Yo siempre marcho contigo:

Y ese gusano que roe
Tu corazón, esa sombra
Que anubla tus ilusiones,
Soy yo, el lucero caído,
El ángel de los dolores,
El rey del mal, y mi infierno
Es el corazón del hombre.
Feliz mientras la esperanza
¡Ay!, tus delirios adorne,
Infeliz cuando tu mente
Los recuerdos emponzoñen
Y a la mar sin rumbo fijo
Desesperado te arrojes:
Ni un astro te alumbrará,
Será en vano que a Dios nombres,
Ora le reces sin fe,
Ora su enojo provoques.
Sólo el huracán y el trueno
Responderán a tus voces,
Sin hallar puerto ni playa
Por más que anhelante bogues.
Y al fin la materia muere;
Pero el espíritu ¿adónde
Volará? ¿Quién sabe? ¡Acaso
Jamás sus cadenas rompe!»

Dijo, y la ígnea luminosa frente
Dejó caer desesperado y triste,
Y corrió de sus ojos larga fuente
De emponzoñadas lágrimas: profundo
Silencio en torno dominó un momento;
Luego en aéreo modulado acento
Cien coros resonaron,
Y allá en el aire en confusión cantaron.

**PRIMER CORO**
Genios, venid, venid
Vuestro mal con el hombre a repartir.

**SEGUNDO CORO**
   Ya la esperanza a los hombres
Para siempre abandonó,
Los recuerdos son tan sólo
Pasto de su corazón.

**TERCER CORO**
   Nosotros, genios del mal,
Aunque en nosotros no cre,
Somos su Dios, condenado
Nuestro influjo a obedecer.

**PRIMER CORO**
   Genios, venid, venid
Vuestro mal con el hombre a repartir.

**UNA VOZ**
   Yo turbaré sus amores,
Disiparé su ilusión,
Atizaré sus rencores,
Y haré eternos sus dolores,
Mal llagado el corazón.

**SEGUNDA VOZ**
   Yo confundiré a sus ojos
La mentira y la verdad,
Y la ciencia y los sucesos
Su mente confundirán.

**TERCERA VOZ**
   Marchitaré la hermosura,
Rugaré la juventud,
El alma que nació pura
Renegará la virtud,
Maldecirá de su hechura.

**CUARTA VOZ**
   Yo haré dudar del cariño
Que muestra al tímido niño

El corazón maternal,
Y haré vislumbre al través
Del amor el interés
Como su vil manantial.

QUINTA VOZ
 Una barra de oro
Su Dios será,
La avaricia del hombre
La adorará:
Viles pasiones
Gobernarán tan sólo
Sus corazones.

 Genios, venid, venid
Vuestro mal con el hombre a repartir.

SEXTA VOZ
 Mi lanza impávida
Derribará
Ese Dios mísero
De vil metal.
 Sobre sus aras
Me asentaré,
Y esclavo al hombre
Dominaré.

 Genios, venid, venid
Y esos esclavos a mi carro uncid.

SEPTIMA VOZ
 Yo romperé las cadenas,
Daré paz y libertad,
Y abriré un nuevo sendero
A la errante humanidad,

CORO
 ¡Quién sabe! ¡Quién sabe!
Quizá ensueños son,

Mentidos delirios,
Dorada ilusión.

   Genios, venid, venid
Vuestro mal con el hombre a repartir.

EL POETA

   Como nubes que en negra tormenta
Precipita violento huracán,
Y en confuso montón apiñadas
De tropel y siguiéndose van,

   Y visiones y horrendos fantasmas,
Monstruos raros de formas sin fin,
Y palacios, ciudades y templos,
Nuestros ojos figuran allí;

   Y entre masas espesas de polvo
Desparece la tierra tal vez,
Cual gigante cadáver que cubre
Vil mortaja de lienzo soez;

   Como zumba sonante a lo lejos
El doliente rugido del mar,
Cuando rompe en las rocas sus olas
Fatigadas de tanto luchar;

   Y la brisa en la noche serena
En sus ráfagas trae la canción,
Que al compás de los remos entona
Mar adentro quizá un pescador:

   Así, en turbio veloz remolino
El diabólico ejército huyó,
Vagarosas pasaron sus sombras,
Y el crujir de sus alas sonó.

Y en el yermo fantástico espacio
Largo tiempo se oyó su cantar,
Y a lo lejos el flébil quejido
Poco a poco armonioso expirar.

Embargada y absorta la mente
En incierto delirio quedó,
Y abrumada sentí que mi frente
Un torrente de lava quemó.

Y en mi loca falaz fantasía
Sus clamores y cánticos oí,
Y el tumulto y su inquieta porfía
Encerrado en mí mismo sentí.

Así al son agudo de bélica trompa
Y al compás del golpe que marca el tambor,
Brioso en alarde y magnífica pompa,
En orden desfila guerrero escuadrón.

Y espadas, fusiles, caballos, cañones
Pasan, y los ojos en confuso ven
Brillar aun las armas, ondear los pendones,
Fantásticas plumas del viento al vaivén,

Relumbrar corazas, y el polvo y la gente,
Y se oye a lo lejos un vago rumor,
Y queda en su encanto suspensa la mente,
Y oír y ver piensa después que pasó.

Mas ya del primer albor
La luz pura tiñe el cielo
Y al naciente resplandor,
Naturaleza su velo
Pinta con vario color.

Y se esparce por el mundo
Un armonioso contento,

Un confuso movimiento,
Que en pensamiento profundo
Suspende el entendimiento.

 ¿Es verdad lo que ver creo?
¿Fue un ensueño lo que vi
En mi loco devaneo?
¿Fue verdad lo que fingí?
¿Es mentira lo que veo?

## Canto I

Sobre una mesa de pintado pino
Melancólica luz lanza un quinqué,
Y un cuarto ni lujoso ni mezquino
A su reflejo pálido se ve;
Suenan las doce en el reló vecino
Y el libro cierra que anhelante lé
Un hombre ya caduco, y cuenta atento
Del cansado reloj el golpe lento.

Carga después sobre la diestra mano
La ya rugosa y abrumada frente,
Y un pensamiento fúnebre, tirano,
Fija y domina, al parecer, su mente:
Borrarlo intenta en su ansiedad en vano,
Vuelve a leer, y en tanto que obediente
Se somete su vista a su porfía,
Lánzase a otra región su fantasía.

«¡Todo es mentira y vanidad, locura!»
Con sonrisa sarcástica exclamó.

Y en la silla tomando otra postura
De golpe el libro y con desdén cerró:
Lóbrega tempestad su frente oscura
En remolinos densos anubló,
Y los áridos ojos quemó luego
Una sangrienta lágrima de fuego.

«¡Ay, para siempre, dijo, la ufanía
Pasó ya de la hermosa juventud,
La música del alma y melodía,
Los sueños de entusiasmo y de virtud!...
Pasaron, ¡ay!, las horas de alegría,
Y abre su seno hambriento el ataúd,
Y único porvenir, sola esperanza,
La muerte a pasos de gigante avanza.

»¿Qué es el hombre? Un misterio. ¿Qué es la
¡Un misterio también!... Corren los años   [vida?
Su rápida carrera, y, escondida,
La vejez llega envuelta en sus engaños;
Vano es llorar la juventud perdida,
Vano buscar remedio a nuestros daños;
Un sueño es lo presente de un momento,
¡Muerte es el porvenir; lo que fue, un cuento!...

»Los siglos a los siglos se atropellan,
Los hombres a los hombres se suceden,
En la vejez sus cálculos se estrellan,
Su pompa y glorias a la muerte ceden:
La luz que sus espíritus destellan
Muere en la niebla que vencer no pueden,
¡Y es la historia del hombre y su locura
Una estrecha y hedionda sepultura!

»¡Oh, si el hombre tal vez lograr pudiera
Ser para siempre joven e inmortal,
Y de la vida el sol le sonriera,
Eterno de la vida el manantial!

¡Oh, cómo entonces venturoso fuera:
Roto un cristal, alzarse otro cristal
De ilusiones sin fin contemplaría,
Claro y eterno sol de un bello día!...

»Necio, dirán, tu espíritu altanero
¿Dónde te arrastra que, insensato, quiere
En un mundo infeliz, perecedero,
Vivir eterno mientras todo muere?
¿Qué hay inmortal, ni aun firme y duradero?
¿Qué hay que la edad con su rigor no altere?
¿No ves que todo el humo y polvo y viento?
¡Loco es tu afán, inútil tu lamento!...»

Todos más de una vez hemos pensado
Como el honrado viejo en este punto,
Y mucho nuestros frailes han hablado,
Y Séneca y Platón sobre el asunto;
Yo, por no ser prolijo ni cansado
(Que ya impaciente a mi lector barrunto),
Diré que al cabo, de pensar rendido,
Tendióse el viejo y se quedó dormido.

Tal vez será debilidad humana
Irse a dormir a lo mejor del cuento
Y cortado dejar para mañana
El hilo que anudaba el pensamiento.
Dicen que el sueño, del olvido mana
Blando licor que calma el sentimiento;
Mas, ¡ay!, que a veces fijo en una idea,
Bárbaro en nuestro llanto se recrea.

Quedóse en su profundo sueño, y luego
Una visión... —¡Visión!, frunciendo el labio,
Oigo que clama, de despecho ciego,
Un crítico feroz—. Perdona, ¡oh sabio!
Sabio sublime, espérate, te ruego
Y yo te juro por mi honor, ¡oh Fabio!...

Si no es Fabio tu nombre, en este instante
A dártelo me obliga el consonante,

   Juro que escribo, para darte gusto
A ti sólo y al mundo entero enojo,
Un libro en que a Aristóteles me ajusto
Como se ajusta la pupila al ojo:
Mis reflexiones sobre el hombre justo
Que sirve a su razón, nunca a su antojo,
Publicaré después, para que el mundo
Mejor se vuelva, ¡oh, crítico profundo!

   Que yo bien sé que el mundo no adelanta
Un paso más en su inmortal carrera
Cuando algún escritor como yo canta
Lo primero que salta en su mollera.
Pero no es eso lo que más me espanta,
Ni lo que acaso espantará a cualquiera:
Terco escribo, en mi loco desvarío,
Sin ton ni son y para gusto mío.

   La zozobra del alma enamorada,
La dulce vaguedad del sentimiento,
La esperanza, de nubes rodeada,
De la memoria el dolorido acento,
Los sueños de la mente arrebatada,
La fábrica del mundo y su portento,
Sin regla ni compás canta mi lira:
¡Sólo mi ardiente corazón me inspira!

   Y a la extraña visión volviendo ahora
Que al triste viejo apareció en su sueño
(Que, algunas veces, cuando el alma llora,
La mente en consolarnos pone empeño,
Y bienes y delirios atesora
Que hacen más duro, al despertar, el ceño
De la suerte fatal que en esta vida
Nos persigue con alma empedernida),

**El diablo mundo**

   Es fama que soñó... Y he aquí una prueba
De que nunca el espíritu reposa;
Y esto otra vez a digresar me lleva
De la historia del viejo milagrosa,
Y a nadie asombre que a afirmar me atreva
Que, siendo al alma la materia odiosa,
Aquí, para vivir en santa calma,
O sobra la materia o sobra el alma.

   Quiere aquélla el descanso, y en el lodo
Nos hunde perezosa y encenaga;
Esta presume adivinarlo todo,
Y en la región del infinito vaga:
Floja, torpe, a traspiés como un beodo
Que con sueños su mente el vino estraga,
La materia al espíritu obedece
Hasta que, yerta al fin, cede y fallece.

   Llaman pensar así, filosofía,
Y al que piensa, filósofo, y ya siento
Haberme dedicado a la poesía
Con tan raro y profundo entendimiento.
Yo, con erudición ¡cuánto sabría!
Mas vuelta a la visión y vuelta al cuento,
Aunque ahora que un sastre es *esprit fort*,
No hay ya visión que nos inspire horror.

   Más me valiera el campo lisonjero
Correr de la política, y revista
Pasar con tanto sabio y financiero,
Diplomático, ecónomo, hacendista,
Estadista, filósofo, guerrero,
Orador, erudito y periodista
Que honran el siglo. ¡Espléndidos varones,
Dicha no, pero honor de las naciones!

   Y mucho más sin duda me valiera,
Que no andar por el mundo componiendo,

De niño haber seguido una carrera
De más provecho y de menor estruendo;
Que, si no sabio, periodista fuera,
Que es punto menos, mas, ¡dolor tremendo!,
Mis estudios dejé a los quince años
Y me entregué del mundo a los engaños.

¡Oh padres! ¡Oh tutores! ¡Oh maestros,
Los que educáis la juventud sencilla!
Sigan senda mejor los hijos vuestros,
Donde la antorcha de las ciencias brilla:
Tenderos ricos, abogados diestros,
Del foro y de la bolsa maravilla,
Pueden ser, y si no, sean diputados
Graves, serios, rabiosos, moderados.

Y si llega a ministro el tierno infante,
Llanto de gozo, ¡oh padres!, derramad
Al contemplarle demandar triunfante
*A las Cortes un bill de indemnidad.*
—Perdón, lector, mi pensamiento errante
Flota en medio a la turbia tempestad
De locas represibles digresiones—.
¡Siempre juguete fui de mis pasiones!

Por la inerte materia vaga incierta
El alma en nuestra fábrica escondida,
A otra vida durmiendo nos despierta,
Vida inmortal, a un punto reducida.
De la esperanza la sabrosa puerta
El espíritu abre, y, la perdida
Memoria renovando, allí en un punto
Cuanto fue, es y será, presenta junto.

¿Será que el alma su inmortal esencia
Entre sueños revela, y, desatada
Del tiempo y la medida su existencia,
La eternidad formula a la espantada

Mente oscura del hombre? ¡Oh ciencia! ¡Oh cien-
Tan grave, tan profunda y estirada!        [cia
Vergüenza ten y permanece muda.
¿Puedes tú acaso resolver mi duda?

  Duerme entre tanto el venerable anciano,
Mientras que yo discurro sin provecho,
Figuras mil en su delirio insano
Fingiendo en torno a su encantado lecho.
El sueño, su invencible y grave mano
Posando silencioso sobre el pecho,
Formas de luz y de color sombrío
Arroja al huracán del desvarío.

  Y como el polvo en nubes que levanta
En remolinos rápidos el viento,
Formas sin forma, en confusión que espanta,
Alza el sueño en su vértigo violento:
Del vano reino el límite quebranta
Vago escuadrón de imágenes sin cuento
Y otros mundos al viejo aparecían,
Y esto los ojos de su mente vían.

  En lóbrego abismo que sombras eternas
Envuelven en densa tiniebla y horror,
Do reina un silencio que nunca se altera
Y ahuyenta el olvido del mundo el rumor,

  Con lástima y pena, mirando al anciano,
Vaporosa sombra de un lejano bien,
De vagos contornos confusa figura,
Cual bello cadáver, se alzó una mujer.

  Y oyóse en seguida lánguida armonía,
Música suave, y luego una voz
Cantó, que el oído no la percibía,
Sino que tan sólo la oyó el corazón:

«Débil mortal, no te asuste
Mi oscuridad ni mi nombre;
En mi seno encuentra el hombre
Un término a su pesar.
Yo compasiva le ofrezco
Lejos del mundo un asilo,
Donde a mi sombra tranquilo
Para siempre duerma en paz.

Isla yo soy de reposo
En medio el mar de la vida,
Y el marinero allí olvida
La tormenta que pasó:
Allí convidan al sueño
Aguas puras sin murmullo,
Allí se duerme al arrullo
De una brisa sin rumor.

Soy melancólico sauce
Que su ramaje doliente
Inclina sobre la frente
Que arrugara el padecer
Y aduerme al hombre y sus sienes
Con fresco jugo rocía,
Mientras el ala sombría
Bate el olvido sobre él.

Soy la virgen misteriosa
De los últimos amores,
Y ofrezco un lecho de flores
Sin espinas ni dolor,
Y amante doy mi cariño
Sin vanidad ni falsía:
No doy placer ni alegría,
Mas es eterno mi amor.

En mí la ciencia enmudece,
En mí concluye la duda,

Y árida, clara y desnuda
Enseño yo la verdad;
Y de la vida y la muerte
Al sabio muestro el arcano,
Cuando al fin abre mi mano
La puerta a la eternidad.

Ven, y tu ardiente cabeza
Entre mis brazos reposa;
Tu sueño, madre amorosa,
Eterno regalaré:
Ven, y yace para siempre
En blanda cama mullida,
Donde el silencio convida
Al reposo y al no ser.

Deja que inquieten al hombre,
Que loco al mundo se lanza,
Mentiras de la esperanza,
Recuerdos del bien que huyó:
Mentira son sus amores,
Mentira son sus victorias,
Y son mentiras sus glorias,
Y mentira su ilusión.

Cierre mi mano piadosa
Tus ojos al blando sueño,
Y empape suave beleño
Tus lágrimas de dolor:
Yo calmaré tu quebranto
Y tus dolientes gemidos,
Apagando los latidos
De tu herido corazón.»

¿Visteis la luna reflejar serena
Entre las aguas de la mar sombría,
Cuando se calma nuestra amarga pena
Y siente el corazón melancolía?

¿Y el mar que allá a lo lejos se dilata,
Imagen de la oscura eternidad,
Y el horizonte azul bañado en plata,
Rico dosel que desvanece el mar?

¿Y del aura sutil que se desliza
Por las aguas, oisteis el murmullo,
Cuando las olas argentadas riza
Con blanda queja y con doliente arrullo?

¿Y sentisteis tal vez un tierno encanto,
Una voz que regala el corazón,
Dulce, inefable y misterioso canto
De vago afán e incomprensible amor?

Blanda así la quimérica armonía
Sonó del melancólico cantar,
Vibraciones del alma y melodía
De un corazón que fatigó el pesar.

Y la amorosa y pálida figura
Dos amarillos brazos extendió,
Y sus lánguidos ojos de dulzura
Al triste viejo con piedad volvió.

Ojos sin luz que su mirada hiela,
Intima, intensa el corazón domina,
En densas sombras los sentidos vela,
En mudo pasmo la razón fascina.

Coagularse su sangre el viejo siente
Poco a poco en sus venas con sabroso
Desmayo, y que se trueca su impaciente
Afán en un letargo vaporoso.

Entorpece sus miembros y embriaga
Su mente aquella mágica figura,
La breve luz de su existencia apaga
Con su mirada de fatal ternura.

Sus labios besa con mortal anhelo
Cariñosa la pálida visión,
Y a las entrañas se desprende el hielo
De sus áridos labios sin color.

Sus ojos fijos en los muertos ojos
Desvanecidos de mirar sentía,
Los rayos de su luz yertos despojos
Que la mirada mágica absorbía.

Por su cuerpo un deleite serpeaba,
Sus nervios suavemente entumeciendo,
Y el espíritu dentro resbalaba,
Grato sopor y languidez sintiendo.

Ya su delgada, amarillenta mano,
Sobre su pecho a reposarla extiende,
Y exánime mirándola el anciano,
Yerto e inmóvil su destino atiende.

Así al viajero fatigado, cuando
El sueño los sentidos entorpece,
Las fuerzas poco a poco van faltando
Y el cuerpo perezoso desfallece.

Y perdido en la áspera montaña,
Sobre la nieve desplomado cae,
Su juicio se devana y enmaraña,
Gratas visiones su desmayo trae.

Y lenta y muellemente adormecida
La máquina mortal, lánguidamente
Bostezar torpe la ondulante vida
Entre los brazos de la muerte siente.

¿Será que, consumida por los años,
Sienta placer la vida fatigada
En dejar de este mundo los engaños,
El término al tocar de su jornada?

¿La trabazón de la materia inerte
Desatada, disuelto el cuerpo expira,
Y el espíritu, cercana ya la muerte,
Por la perdida libertad suspira?

Rendido en tanto el moribundo anciano
Con deleite la eterna paz espera;
Su mano estrecha la aterida mano
Que marca el fin de su vital carrera,

Cuando a otra parte con estruendo el suelo
Crujir y el muro de su estancia siente,
Y ven sus ojos un inmenso cielo
Desarrollarse en luz de oro candente.

Rico manto de lumbre y pedrería,
Tachonado de soles a millares,
Olas de aljofarada argentería
Meciendo el aire en esparcidos mares.

Y un sol con otro sol que se eslabona
En torno a una deidad orlan su frente,
Y los rayos de luz de su corona
En un velo la envuelven transparente.

Majestuosa, diáfana y radiante,
Su hermosura en su lumbre se confunde,
Agitada columna coruscante,
Júbilo y vida por doquier difunde.

Eterno amor, inmarcesibles glorias,
Armas, coronas de oro y de laurel,
Triunfos, placeres, esplendor, victorias,
Ilusiones, riquezas y poder.

Eterna vida, eterno movimiento,
Los sueños de la dulce poesía,
El sonoro y quimérico concento
De la rica extasiada fantasía,

El eco blando del primer suspiro,
La dulce queja del primer amor,
La primera esperanza, y el respiro
Que pura exhala la aromosa flor.

La faz hermosa de la noche en calma
Y el son del melancólico laúd,
Los devaneos plácidos del alma,
El sosiego y la paz de la virtud,

La santa dicha del hogar paterno,
Del amigo la plática sabrosa,
El blando sueño en el regazo tierno
De la feliz, enamorada esposa,

El puro beso del alegre niño
Que en torno de sus padres juguetea,
Prenda de amor, emblema del cariño
En que el alma gozosa se recrea;

La fe, la religión, bálsamo suave
Que vierte en el espíritu consuelo,
Y de las ciencias el estudio grave
Que alza la mente a la región del cielo;

La máquina del mundo y su hermosura,
Que arrobado el espíritu contempla;
La augusta soledad que la amargura
Tal vez del alma combatida templa;

De la pasión el goce turbulento
Siguiendo atropellado a la esperanza,
Ligero tamo que arrebata el viento
Y despeñado a su ilusión se lanza;

El aplauso del mundo y la tormenta,
Y el afán y el horrísono vaivén,
El noble orgullo y la ambición sangrienta
De nombre avara y de esplendente prez;

Del tronante cañón el estampido,
El lujo y el furor de la batalla,
Del corazón el bélico latido
Que hace que hierva la abrasante malla;

El oro que famélico codicia
El hombre, y en montones lo atesora,
Alimento infernal de la avaricia,
Que hambre más siente cuanto más devora;

La crápula, el escándalo y mareo
De en vicios rica, estrepitosa orgía,
El pudor resistiéndose al deseo,
Y mezclándose el vino en la porfía;

La alegre danza en movimiento blando,
que orna voluptuosa liviandad,
Al goce, al apetito convidando
Con sus mórbidas formas la beldad.

Cuanto fingió e imaginó la mente,
Cuanto del hombre la ilusión alcanza,
Cuanto creara la ansiedad demente,
Cuanto acaricia en sueños la esperanza,

La radiante visión maravillosa
Brinda con mano pródiga en montón,
Y en óptica ilusoria y prodigiosa
Pasar el viejo ante sus ojos vio.

Y entre aplausos, y músicas, y estruendo,
Y de ella en pos la Humanidad entera
Y en torno de ella armónica volviendo
En giro eterno la argentada esfera,

Suenan voces y cánticos sonoros
Que el aire en ecos derramados hienden,
Y ángeles mil en matizados coros
El aire rasgan y en fulgor lo encienden.

Y una voz como ráfaga de viento,
Palpitando de vida y de armonía
Sobre el vario, magnífico concento,
Así cantando resonar se oía:

«Salve, llama creadora del mundo,
Lengua ardiente de eterno saber,
Puro germen, principio fecundo
Que encadenas la muerte a tus pies.

Tú la inerte materia espoleas,
Tú la ordenas juntarse y vivir,
Tú su lodo modelas y creas
Miles seres de formas sin fin.

Desbarata tus obras en vano
Vencedora la muerte tal vez,
De sus restos levanta tu mano
Nuevas obras triunfante otra vez.

Tú la hoguera del sol alimentas,
Tú revistes los cielos de azul,
Tú la luna en las sombras argentas,
Tú coronas la aurora de luz.

Gratos ecos al bosque sombrío,
Verde pompa a los árboles das,
Melancólica música al río,
Ronco grito a las olas del mar.

Tú el aroma en las flores exhalas,
En los valles suspiras de amor,
Tú murmuras del aura en las alas,
En el Bóreas retumba tu voz.

Tú derramas el oro en la tierra
En arroyos de hirviente metal,
Tú abrillantas la perla que encierra
En su abismo profundo la mar.

Tú las cárdenas nubes extiendes,
Negro manto que agita Aquilón,
Con tu aliento los aires enciendes,
Tus rugidos infunden pavor.

Tú eres pura simiente de vida,
Manantial sempiterno de bien,
Luz del mismo Hacedor desprendida,
Juventud y hermosura es tu ser.

Tú eres fuerza secreta que el mundo
En sus ejes impulsa a rodar,
Sentimiento armonioso y profundo
De los orbes que anima tu faz.

De tus obras los siglos que vuelan
Incansables artífices son,
Del espíritu ardiente cincelan
Y embellecen la estrecha prisión.

Tú en violento, veloz torbellino
Los empujas enérgica, y van:
Y adelante en tu raudo camino
A otros siglos ordenas llegar.

Y otros siglos ansiosos se lanzan,
Desparecen y llegan sin fin,
Y en su eterno trabajo se alcanzan,
Y se arrancan sin tregua el buril.

Y afanosos sus fuerzas emplean
En tu inmenso taller sin cesar,
Y en la tosca materia golpean,
Y redobla el trabajo su afán.

De la vida en el hondo oceano
Flota el hombre en perpetuo vaivén,
Y derrama abundante tu mano
La creadora semilla en su ser.

Hombre débil, levanta la frente,
Pon tu labio en su eterno raudal,
Tú serás como el sol en Oriente,
Tú serás como el mundo inmortal.»

Calló la voz, y el armonioso coro
Y el estruendo y la música siguió,
Y repitiendo el cántico sonoro,
Turbas inmensas pasan en montón.

Sus alas lanzan luminosa estela,
Como la nave en la serena mar,
Y entre su viva luz la luz riëla
Más pura de la imagen inmortal.

Cruzando va cual fulgurante tromba
Su cortejo magnífico en redor,
Y el viento rompe cual lanzada bomba,
Sobre otros soles desprendido sol.

Atónito la faz alza el anciano,
Como el que vuelve en sí en el ataúd,
Con ansia, angustia y con delirio insano,
Aire buscando y anhelando luz.

Que en el regazo del no ser dormido,
El alto estruendo en su estupor sintió,
El intrépido canto hirió su oído,
Y súbito sus nervios sacudió.

Y el yerto brazo de la sombra fría
Que vierte al corazón hielo mortal
Aparta con afán en su agonía,
Volar ansiando a la gentil deidad.

Y entrambos brazos con anhelo tiende,
Atento el canto animador escucha,
De la visión de muerte se desprende,
Y por moverse y levantarse lucha.

Los ojos abre al resplandor inciertos,
La luz buscando que su luz excita,
Sienten grato calor sus miembros muertos,
Con nuevo ardor su corazón palpita.

La sangre hierve en las hinchadas venas,
Siente volver los juveniles bríos,
Y ahuyentan de su frente albas serenas
Los pensamientos de la edad sombríos.

Y desprendidas ráfagas de lumbre
Su cuerpo bañan y su sien circundan:
Torrentes mil de la argentada cumbre,
Vertiendo vida, en su esplendor le inundan.

Y bajando la diosa encantadora,
Mecida en olas de encendido viento,
En torno de él la tropa voladora
Esparce juventud y movimiento.

Y su rostro se pinta de hermosura,
Viste su corazón la fortaleza,
Brilla en su frente juvenil tersura,
Negros rizos coronan su cabeza.

El alma en su mirar se transparenta,
Mirar sereno, vívido y ardiente,
Y su robusta máquina alimenta
La eterna llama que en el pecho siente.

Contra su seno la deidad le abraza
Y en su velo le envuelve y le ilumina,
Y a su ruïna y su destino enlaza
El destino del mundo y su ruïna.

«Tú los siglos hollarás,
Sonó la voz de la altura,
Pasar los hombres verás,

Del mundo la edad futura
Como el mundo correrás.

   El sol que hoy nace en Oriente
Y que ilumina tu frente,
Pasarán edades cien,
Y cual hoy resplandeciente
La iluminará también.

   El crudo invierno sombrío,
Del pintado abril las flores,
Las galas del bosque umbrío,
Los rigorosos calores
De los meses del estío

   Pasarán, y contarás
Hora a hora y mes a mes,
Y un año y otro verás,
Y un siglo y otro después,
Sin que se acabe jamás;

   Y eternamente bogando,
Y navegando contino
Sin hallar descanso, andando
Irás siempre, caminando,
Sin acabar tu camino.

   Y los siglos girarán
En perpetuo movimiento,
Las naciones morirán,
Y se escuchará tu acento
En los siglos que vendrán.

   Pero si acaso algún día
Lloras tal vez tu orfandad,
Y al cielo clamas piedad,
Y en lastimosa agonía
Maldices tu eternidad,

Acuérdate que tú fuiste
El que fijó tu destino,
Que ser inmortal pediste,
Y arrojarte al torbellino
De las edades quisiste.

Y que el mundo te dará
Cuanto el mundo en sí contiene,
Que tuyo el mundo será,
Y ya para ti previene
Cuanto ha tenido y tendrá.»

En tanto el luciente coro
Repitió luego el cantar,
Y remontándose al cielo,
La luz plegándose va
Entre nubes de oro y nácar
Que esconden a la deidad,
Y las voces en los aires
Perdidas se escuchan ya
Allá en lejana armonía
Como un eco resonar:

«Y que el mundo te dará
Cuanto el mundo en sí contiene,
Que tuyo el mundo será,
Y ya para ti previene
Cuanto ha tenido y tendrá.»

Dicha es soñar cuando despierto sueña
El corazón del hombre su esperanza,
Su mente halaga la ilusión risueña
Y el bien presente al venidero alcanza.
Y tras la aérea y luminosa enseña
Del entusiasmo, el ánimo se lanza
Bajo un cielo de luz y de colores,
Campos pintando de fragantes flores.

Dicha es soñar, porque la vida es sueño,
Lo que fingió tal vez la fantasía,
Cuando, embriagada en lánguido beleño,
A las regiones del placer nos guía.
Dicha es soñar, y el rigoroso ceño
No ver jamás de la verdad impía.
Dicha es soñar, y en el mundano ruido
Vivir soñando y existir dormido.

Y un sueño a la verdad pasa la vida,
Sueño al principio de dorada lumbre,
Senda de flores mil, fácil subida
Que a un monte lleva de lozana cumbre;
Después, vereda áspera y torcida,
Monte de insuperable pesadumbre,
Donde, cansada de una en otra breña,
Llora la vida y lo pasado sueña.

Sueños son los deleites, los amores,
La juventud, la gloria y la hermosura
Sueños las dichas son, sueños las flores,
La esperanza, el dolor, la desventura.
Triunfos, caídas, bienes y rigores
El sueño son que hasta la muerte dura
Y en incierto y continuo movimiento
Agita al ambicioso pensamiento.

Siento no sea nuevo lo que digo,
Que el tema es viejo y la palabra rancia,
Y es trillado sendero el que ahora sigo
Y caminar por él ya es arrogancia.
En la mente, lector, se abre un postigo,
Sale una idea y el licor escancia
Que brota el labio y que la pluma vierte,
Y en palabras y frases se convierte.

*Nihil novum sub sole,* dijo el sabio:
*Nada hay nuevo en el mundo;* harto lo siento,

Que, como dicen vulgarmente, rabio
Yo por probar un nuevo sentimiento,
Palabras nuevas pronunciar mi labio,
Renovado sentir mi pensamiento,
Ansío, y girando en dulce desvarío,
Ver nuevo siempre el mundo en torno mío.

Uniforme, monótono y cansado
Es sin duda este mundo en que vivimos;
En Oriente de rayos coronado,
El sol que vemos hoy, ayer le vimos:
De flores vuelve a engalanarse el prado,
Vuelve el Otoño pródigo en racimos,
Y tras los hielos del Invierno frío,
Coronado de espigas, el Estío.

¿Y no habré yo de repetirme a veces,
Decir también lo que otros ya dijeron,
A mí, a quien quedan ya sólo las heces
Del rico manantial en que bebieron?
¿Qué habré yo de decir que ya con creces
No hayan dicho tal vez los que murieron:
Byron y Calderón, Shakespeare, Cervantes
Y tantos otros que vivieron antes?

¿Y aun asimismo acertaré a decirlo?
¿Saldré de tanto enredo en que me he puesto?
Ya que en mi cuento entré, ¿podré seguirlo
Y el término tocar que me he propuesto?
Y aunque en mi empeño logre concluirlo,
¿A ti no te será nunca molesto,
¡Oh caro comprador!, que con zozobra
Imploro en mi favor, comprar mi obra?

Nada menos te ofrezco que un poema
Con lances raros y revuelto asunto,
De nuestro mundo y sociedad emblema,
Que hemos de recorrer punto por punto.

Si logro yo desenvolver mi tema,
Fiel traslado ha de ser, cierto trasunto
De la vida del hombre y la quimera
Tras de que va la Humanidad entera.

  Batallas, tempestades, amoríos
Por mar y tierra, lances, descripciones
De campos y ciudades, desafíos,
Y el desastre y furor de las pasiones,
Goces, dichas, aciertos, desvaríos,
Con algunas morales reflexiones
Acerca de la vida y de la muerte,
De mi propia cosecha, que es mi fuerte.

  En varias formas, con diverso estilo,
En diferentes géneros, calzando
Ora el coturno trágico de Esquilo,
Ora la trompa épica sonando,
Ora cantando plácido y tranquilo,
Ora en trivial lenguaje, ora burlando,
Conforme esté mi humor, porque a él me ajusto
Y allá van versos donde va mi gusto.

  Verás, lector, a nuestro humilde anciano,
Que inmortal de su lecho se levanta,
Lanzarse al mundo de su dicha ufano,
Rico de la esperanza que le encanta.
Verás luego también...; pero ¿a qué en vano
Me canso en ofrecerte empresa tanta,
Si hasta que el uno al otro nos cansemos
Tú y yo en compaña caminando iremos?

  Más vale prometerte poco ahora
Y algo después cumplirte, lector mío,
No empiece yo con voz atronadora
Y luego acabe desmayado y frío;

No una altiva columna vencedora,
Que jamás rinda con su planta, impío,
El tiempo destructor, alzar intento;
Yo con pasar mi tiempo me contento.

No es dado a todos alcanzar la gloria
De alzar un monumento suntuoso
Que eternice a los siglos la memoria
De algún hecho pasado grandïoso:
Quédele tanto al que escribió la historia
De nuestro pueblo, al escritor lujoso,
Al conde que del público tesoro
Se alzó a sí mismo un monumento de oro.

Al que supo, erigiendo un monumento
(Que tal le llama en su modestia suma) (1)
Premio dar a su gran merecimiento
Y en pluma de oro convertir su pluma,
Al ilustre asturiano, al gran talento,
Flor de la historia y de la hacienda espuma,
Al necio audaz de corazón de cieno
A quien llaman el CONDE DE TORENO.

¡Oh gloria! ¡Oh gloria! ¡Lisonjero engaño,
Que a tanta gente honrada precipitas!
Tú al mercader pacífico en extraño
Guerrero truecas y a lidiar le excitas;
Su rostro vuelves bigotudo, huraño;
Con entusiasmo militar le agitas,
Y haces que sea su mirada horrenda
Susto de su familia y de su tienda.

Tú, al que otros tiempos acertaba apenas
A escribir con fatigas una carta,
Animas a dictar páginas llenas
De verso y prosa en abundante sarta:
Político profundo en sus faenas,
Folletos traza, artículos ensarta,

# El diablo mundo

Suda y trabaja, y en manchar se emplea
Resmas para envolver alcarabea.

Otros, ¡oh gloria!, sin aliento vagan
Solícitos huyendo acá y allá,
Suponen clubs y con recelo indagan
Cuándo el Gobierno a aprisionarlos va:
A éstos, si los destierran, los halagan;
Nadie en ellos pensó ni pensará,
Y andan ocultos y mudando trajes,
Creyéndose terribles personajes.

Estos, por lo común, son buena gente,
Son a los que llamamos *infelices*,
Hombres todo entusiasmo y poca mente,
Que no ven más allá de sus narices;
Raza que el pecho denodado siente
Antes que, ¡oh fiero mandarín!, atices
Uno de tus legales ramalazos,
Que les dobla ante el rey los espinazos.

Otros te siguen, engañosa gloria,
Que allá en sus pueblos son pozos de ciencia
Que, creyéndose dignos de la historia,
Varones de gobierno y experiencia,
Ansiosos de alcanzar alta memoria
Y abusos corregir con su elocuencia,
Diputados al fin se hacen nombrar,
Tontos de buena fe para callar.

Estos viven después desesperados,
Del ministro además desatendidos,
En el mundo político ignorados
Y del pueblo también desconocidos;
Andan en la cuestión extraviados,
Siempre sin tino, torpes los sentidos,

Dando a saber con pruebas tan acerbas
Que pierden fuerzas en mudando yerbas.

  A todos, gloria, tu pendón nos guía
Y a todos nos excita tu deseo:
Apellidarse socio ¿quién no ansía
Y en las listas estar del Ateneo?
¿Y quién, aficionado a la poesía,
No asiste a las reuniones del Liceo,
Do la luz brilla dividida en partes
De tanto profesor de Bellas Artes?

  Es cierto que allí van también profanos
En busca de las lindas profesoras,
Hombres sin duda en su pensar livianos,
Que de todo hacen burla a todas horas,
Sin gravedad, de entendimiento vanos,
Gentes de natural murmuradoras,
Que se mofaran de Villena mismo (2)
Evocando los diablos del abismo.

  Y yo, ¡pobre de mí!, sigo tu lumbre,
También, ¡oh gloria!, en busca de renombre,
Trepar ansiando al templo de tu cumbre,
Donde mi fama al universo asombre:
Quiero que, de tu rayo a la vislumbre,
Brille grabado en mármoles mi nombre,
Y espero que mi busto adorne un día
Algún salón, café o peluquería.

  O el lindo tocador de alguna hermosa
Coronaré en figura de botella,
Lleno mi hueco vientre de olorosa
Agua que pula el rostro a la doncella;
*L'eau véritable* de colonia y rosa
El rótulo en francés dirá a mi huella:
Que de su vida al fin tanto blasón
Ha logrado alcanzar Napoleón.

En tanto ablanda, ¡oh público severo!,
Y muéstrame la cara lisonjera;
Esto le pido a Dios, y algún dinero,
Mientras sigo en el mundo mi carrera;
Y porque fatigarte más no quiero,
Caro lector, al otro canto espera,
El cual sin falta seguirá; se entiende
Si éste te gusta y la edición se vende.

## Canto II (3)

### A TERESA

*Bueno es el mundo, ¡bueno!, ¡bueno!, ¡bueno!,
Como de Dios al fin obra maestra,
Por todas partes de delicias lleno,
De que Dios ama al hombre hermosa muestra;
Salga la voz alegre de mi seno
A celebrar esta vivienda nuestra,
¡Paz a los hombres!, ¡gloria en las alturas!
¡Cantad en vuestra jaula, criaturas!*
    MIGUEL DE LOS SANTOS ALVAREZ, María

¿Por qué volvéis a la memoria mía,
Tristes recuerdos del placer perdido,
A aumentar la ansiedad y la agonía
De este desierto corazón herido?
¡Ay! que de aquellas horas de alegría
Le quedó al corazón sólo un gemido,
¡Y el llanto que al dolor los ojos niegan,
Lágrimas son de hiel que el alma anegan!

¿Dónde volaron, ¡ay!, aquellas horas
De juventud, de amor y de ventura,

Regaladas de músicas sonoras,
Adornadas de luz y de hermosura?
Imágenes de oro bullidoras,
Sus alas de carmín y nieve pura
Al sol de mi esperanza desplegando,
Pasaban, ¡ay!, a mi alredor cantando.

Gorjeaban los dulces ruiseñores,
El sol iluminaba mi alegría,
El aura susurraba entre las flores,
El bosque mansamente respondía,
Las fuentes murmuraban sus amores...
¡Ilusiones que llora el alma mía!
¡Oh! ¡Cuán süave resonó en mi oído
El bullicio del mundo y su ruïdo!

Mi vida entonces, cual guerrera nave
Que el puerto deja por la vez primera
Y al soplo de los céfiros suave
Orgullosa desplega su bandera,
Y al mar dejando que a sus pies alabe
Su triunfo en roncos cantos, va velera,
Una ola tras otra bramadora
Hollando y dividiendo vencedora.

¡Ay! En el mar del mundo, en ansia ardiente
De amor volaba; el sol de la mañana
Llevaba yo sobre mi tersa frente,
Y el alma pura de su dicha ufana:
Dentro de ella el amor, cual rica fuente
Que entre frescura y arboledas mana,
Brotaba entonces abundante río
De ilusiones y dulce desvarío.

Yo amaba todo: un noble sentimiento
Exaltaba mi ánimo, y sentía
En mi pecho un secreto movimiento,
De grandes hechos generoso guía.

La libertad, con su inmortal aliento,
Santa diosa, mi espíritu encendía,
Contino imaginando en mi fe pura
Sueños de gloria al mundo y de ventura.

El puñal de Catón, la adusta frente
Del noble Bruto, la constancia fiera
Y el arrojo de Scévola valiente,
La doctrina de Sócrates severa,
La voz atronadora y elocuente
Del orador de Atenas, la bandera
Contra el tirano macedonio alzando
Y al espantado pueblo arrebatando.

El valor y la fe del caballero,
Del trovador el arpa y los cantares,
Del gótico castillo el altanero
Antiguo torreón, do sus pesares
Cantó tal vez con eco lastimero,
¡Ay!, arrancada de sus patrios lares,
Joven cautiva, al rayo de la luna,
Lamentando su ausencia y su fortuna.

El dulce anhelo del amor que aguarda
Tal vez, inquieto y con mortal recelo,
La forma bella que cruzó, gallarda,
Allá en la noche entre el medroso velo;
La ansiada cita que en llegar se tarda
Al impaciente y amoroso anhelo,
La mujer y la voz de su dulzura,
Que inspira al alma celestial ternura;

A un tiempo mismo, en rápida tormenta,
Mi alma alborotaban de contino,
Cual las olas que azota con violenta
Cólera impetuoso torbellino;
Soñaba al héroe ya, la plebe atenta
En mi voz escuchaba su destino,

Ya al caballero, al trovador soñaba
Y de gloria y de amores suspiraba.

  Hay una voz secreta, un dulce canto,
Que el alma sólo recogida entiende,
Un sentimiento misterioso y santo
Que del barro al espíritu desprende;
Agreste, vago y solitario encanto
Que en inefable amor el alma enciende,
Volando tras la imagen peregrina
El corazón de su ilusión divina.

  Yo, desterrado en extranjera playa,
Con los ojos extático seguía
La nave audaz que argentada raya
Volaba al puerto de la patria mía;
Yo cuando en Occidente el sol desmaya,
Solo y perdido en la arboleda umbría,
Oír pensaba el armonioso acento
De una mujer al suspirar del viento.

  ¡Una mujer! En el templado rayo
De la mágica luna se colora,
Del sol poniente al lánguido desmayo,
Lejos entre las nubes se evapora;
Sobre las cumbres que florece el mayo,
Brilla fugaz al despuntar la aurora,
Cruza tal vez por entre el bosque umbrío,
Juega en las aguas del sereno río.

  ¡Una mujer! Deslízase en el cielo
Allá en la noche desprendida estrella,
Si aroma el aire recogió en el suelo,
Es el aroma que le presta ella.
Blanca es la nube que en callado vuelo
Cruza la esfera, y que su planta huella,
Y en la tarde la mar olas la ofrece
De plata y de zafir donde se mece.

Mujer que amor en su ilusión figura,
Mujer que nada dice a los sentidos,
Ensueño de suavísima ternura,
Eco que regaló nuestros oídos:
De amor la llama generosa y pura,
Los goces dulces del placer cumplidos
Que engalana la rica fantasía,
Goces que avaro el corazón ansía.

¡Ay!, aquella mujer, tan sólo aquélla
Tanto delirio a realizar alcanza,
Y esa mujer tan cándida y tan bella
Es mentida ilusión de la esperanza:
Es el alma que vívida destella
Su luz al mundo cuando en él se lanza,
Y el mundo con su magia y galanura,
Es espejo no más de su hermosura.

Es el amor que al mismo amor adora,
El que creó las sílfides y ondinas,
La sacra ninfa que bordando mora
Debajo de las aguas cristalinas:
Es el amor que recordando llora
Las arboledas del Edén divinas,
Amor de allí arrancado, allí nacido,
Que busca en vano aquí su bien perdido.

¡Oh llama santa! ¡Celestial anhelo!
¡Sentimiento purísimo! ¡Memoria
Acaso triste de un perdido cielo,
Quizá esperanza de futura gloria!
¡Huyes y dejas llanto y desconsuelo!
¡Oh mujer, que en imagen ilusoria
Tan pura, tan feliz, tan placentera,
Brindó el amor a mi ilusión primera!...

¡Oh Teresa! ¡Oh dolor! Lágrimas mías,
¡Ah!, ¿dónde estáis que no corréis a mares?

¿Por qué, por qué como en mejores días
No consoláis vosotras mis pesares?
¡Oh!, los que no sabéis las agonías
De un corazón que penas a millares,
¡Ay!, desgarraron, y que ya no llora,
¡Piedad tened de mi tormento ahora!

¡Oh, dichosos mil veces, sí, dichosos
Los que podéis llorar! Y, ¡ay!, sin ventura
De mí, que, entre suspiros angustiosos,
Ahogar me siento en infernal tortura!
Retuércese entre nudos dolorosos
Mi corazón, gimiendo de amargura...
También tu corazón hecho pavesa,
¡Ay!, llegó a no llorar, ¡pobre Teresa!

¿Quién pensara jamás, Teresa mía,
Que fuera eterno manantial de llanto
Tanto inocente amor, tanta alegría,
Tantas delicias y delirio tanto?
¿Quién pensara jamás llegase un día
En que, perdido el celestial encanto
Y caída la venda de los ojos,
Cuanto diera placer causara enojos?

Aún parece, Teresa, que te veo
Aérea como dorada mariposa,
Ensueño delicioso del deseo,
Sobre tallo gentil temprana rosa,
Del amor venturoso devaneo,
Angélica, purísima y dichosa,
Y oigo tu voz dulcísima, y respiro
Tu aliento perfumado en tu suspiro.

Y aún miro aquellos ojos que robaron
A los cielos su azul, y las rosadas
Tintas sobre la nieve, que envidiaron
Las de mayo serenas alboradas;

Y aquellas horas dulces que pasaron
Tan breves, ¡ay!, como después lloradas,
Horas de confianza y de delicias,
De abandono, y de amor, y de caricias.

Que así las horas rápidas pasaban,
Y pasaba a la par nuestra ventura;
Y nunca nuestras ansias las contaban,
Tú embriagada en mi amor, yo en tu hermosura.
Las horas, ¡ay!, huyendo nos miraban,
Llanto tal vez vertiendo de ternura,
Que nuestro amor y juventud veían
Y temblaban las horas que vendrían.

Y llegaron en fin... ¡Oh! ¿Quién, impío,
¡Ay!, agostó la flor de tu pureza?
Tú fuiste un tiempo cristalino río,
Manantial de purísima limpieza;
Después torrente de color sombrío,
Rompiendo entre peñascos y maleza,
Y estanque, en fin, de aguas corrompidas,
Entre fétido fango detenidas.

¿Cómo caíste despeñado al suelo,
Astro de la mañana luminoso?
Angel de luz, ¿quién te arrojó del cielo
A este valle de lágrimas odioso?
Aún cercaba tu frente el blanco velo
Del serafín, y en ondas fulguroso,
Rayos al mundo tu esplendor vertía
Y otro cielo el amor te prometía.

Mas, ¡ay!, que es la mujer ángel caído
O mujer nada más y lodo inmundo,
Hermoso ser para llorar nacido,
O vivir como autómata en el mundo;

Sí, que el demonio en el Edén perdido
Abrasara con fuego del profundo
La primera mujer, y, ¡ay!, aquel fuego
La herencia ha sido de sus hijos luego.

   Brota en el cielo del amor la fuente
Que a fecundar el universo mana,
Y en la tierra su límpida corriente
Sus márgenes con flores engalana;
Mas, ¡ay!, huid: el corazón ardiente
Que el agua clara por beber se afana,
Lágrimas verterá de duelo eterno,
Que su raudal lo envenenó el infierno.

   Huid, si no queréis que llegue un día
En que, enredado en retorcidos lazos
El corazón, con bárbara porfía
Luchéis por arrancároslo a pedazos;
En que al cielo, en histérica agonía,
Frenéticos alcéis entrambos brazos,
Para en vuestra impotencia maldecirle,
Y escupiros, tal vez, al escupirle.

   Los años, ¡ay!, de la ilusión pasaron;
Las dulces esperanzas que trajeron,
Con sus blancos ensueños se llevaron,
Y el porvenir de oscuridad vistieron;
Las rosas del amor se marchitaron,
Las flores en abrojos convirtieron,
Y de afán tanto y tan soñada gloria
Sólo quedó una tumba, una memoria.

   ¡Pobre Teresa! Al recordarte siento
Un pesar tan intenso... Embarga impío
Mi quebrantada voz mi sentimiento,
Y suspira tu nombre el labio mío;

Para allí su carrera el pensamiento,
Hiela mi corazón punzante frío,
Ante mis ojos la funesta losa,
Donde, vil polvo, tu beldad reposa.

Y tú, feliz, que hallastes en la muerte
Sombra a que descansar en tu camino,
Cuando llegabas mísera a perderte
Y era llorar tu único destino;
Cuando en tu frente la implacable suerte
Grababa de los réprobos el sino...
¡Feliz!, la muerte te arrancó del suelo,
Y otra vez ángel te volviste al cielo.

Roída de recuerdos de amargura,
Arido el corazón sin ilusiones,
La delicada flor de tu hermosura
Ajaron del dolor los aquilones;
Sola y envilecida, y sin ventura,
Tu corazón secaron las pasiones;
Tus hijos, ¡ay!, de ti se avergonzaran,
Y hasta el nombre de madre te negaran.

Los ojos escaldados de tu llanto,
Tu rostro cadavérico y hundido,
Unico desahogo en tu quebranto,
El histérico ¡ay! de tu gemido:
¿Quién, quién pudiera en infortunio tanto
Envolver tu desdicha en el olvido,
Disipar tu dolor y recogerte
En su seno de paz? ¡Sólo la muerte!

¡Y tan joven, y ya tan desgraciada!
Espíritu indomable, alma violenta,
En ti, mezquina sociedad, lanzada
A romper tus barreras turbulenta;

# El diablo mundo

Nave contra las rocas quebrantada,
Allá vaga, a merced de la tormenta,
En las olas tal vez náufraga tabla,
Que sólo ya de sus grandezas habla.

Un recuerdo de amor que nunca muere
Y está en mi corazón; un lastimero
Tierno quejido que en el alma hiere,
Eco suave de su amor primero:
¡Ay! De tu luz, en tanto yo viviere,
Quedará un rayo en mí, blanco lucero,
Que iluminaste con tu luz querida
La dorada mañana de mi vida.

Que yo como una flor que en la mañana
Abre su cáliz al naciente día,
¡Ay!, al amor abrí tu alma temprana
Y exalté tu inocente fantasía.
Yo, inocente también, ¡oh, cuán ufana
Al porvenir mi mente sonreía,
Y en alas de mi amor con cuánto anhelo
Pensé contigo remontarme al cielo!

Y alegre, audaz, ansioso, enamorado,
En tus brazos en lánguido abandono,
De glorias y deleites rodeado,
Levantar para ti soñé yo un trono:
Y allí, tú venturosa y yo a tu lado,
Vencer del mundo el implacable encono,
Y en un tiempo sin horas y medida
Ver como un sueño resbalar la vida.

¡Pobre Teresa! Cuando ya tus ojos
Aridos ni una lágrima brotaban;
Cuando ya su color tus labios rojos
En cárdenos matices cambiaban;

Cuando, de tu dolor tristes despojos,
La vida y su ilusión te abandonaban
Y consumía lenta calentura
Tu corazón al par de tu amargura;

   Si en tu penosa y última agonía
Volviste a lo pasado el pensamiento;
Si comparaste a tu existencia un día
Tu triste soledad y tu aislamiento;
Si arrojó a tu dolor tu fantasía
Tus hijos, ¡ay!, en tu postrer momento,
A otra mujer tal vez acariciando,
Madre tal vez a otra mujer llamando;

   Si el cuadro de tus breves glorias viste
Pasar como fantástica quimera,
Y si la voz de tu conciencia oíste
Dentro de ti gritándote severa;
Si, en fin, entonces tú llorar quisiste
Y no brotó una lágrima siquiera
Tu seco corazón, y a Dios llamaste,
Y no te escuchó Dios, y blasfemaste;

   ¡Oh, cruel! ¡Muy cruel! ¡Martirio horrendo!
¡Espantosa expiación de tu pecado!
¡Sobre un lecho de espinas maldiciendo
Morir, el corazón desesperado!
Tus mismas manos de dolor mordiendo,
Presente a tu conciencia lo pasado,
Buscando en vano con los ojos fijos
Y extendiendo tus brazos a tus hijos.

   ¡Oh, cruel! ¡Muy cruel!... ¡Ah!, yo, entretanto,
Dentro del pecho mi dolor oculto,
Enjugo de mis párpados el llanto
y doy al mundo el exigido culto;
Yo escondo con vergüenza mi quebranto,
Mi propia pena con mi risa insulto,

Y me divierto en arrancar del pecho
Mi mismo corazón pedazos hecho.

   Gocemos, sí; la cristalina esfera
Gira bañada en luz: ¡bella es la vida!
¿Quién a parar alcanza la carrera
Del mundo hermoso que al placer convida?
Brilla radiante el sol, la primavera
Los campos pinta en la estación florida:
Truéquese en risa mi dolor profundo...
Que haya un cadáver más, ¡qué importa al mun-
[do!

## Canto III

«¡Cuán fugaces los años
¡Ay! se deslizan, Póstumo!», gritaba
El lírico latino que sentía
Cómo el tiempo cruel le envejecía
Y el ánimo y las fuerzas le robaba.
Y es triste a la verdad ver cómo huyen
Para siempre las horas, y con ellas
Las dulces esperanzas que destruyen
Sin escuchar jamás nuestras querellas;
¡Fatalidad! ¡Fatalidad impía!
Pasa la juventud, la vejez viene,
Y nuestro pie, que nunca se detiene,
Recto camina hacia la tumba fría.
Así yo meditaba
En tanto me afeitaba
Esta mañana mismo, lamentando
Cómo mi negra cabellera riza,
Seca ya como cálida ceniza,
Iba por varias partes blanqueando;

Y un triste adiós mi corazón sentido
Daba a mi juventud, mientras la historia
Corría mi memoria
Del tiempo alegre por mi mal perdido,
Y un doliente gemido
Mi dolor tributaba a mis cabellos
Que canos se teñían,
Pensando que ya nunca volverían
Hermosas manos a jugar con ellos.

¡Malditos treinta años,
Funesta edad de amargos desengaños!

Perdonad, hombres graves, mi locura,
Vosotros los que veis sin amargura,
Como cosa corriente,
Que siga un año al año antecedente,
Y nunca os rebeláis contra el destino:
¡Oh!, será un desatino,
Mas yo no me resigno a hallarme viejo
Al mirarme al espejo,
Y la razón averiguar quisiera
Que en este nuestro mundo misterioso
Sin encontrar reposo
Nos obliga a viajar de esta manera.

Y luego las mujeres, todavía
Son mi dulce manía:
Ellas la senda de ásperos abrojos
De la vida suavizan y coloran,
Y a las mujeres los llorosos ojos
Y los cabellos blancos no enamoran,
¡*Griegos liceos! ¡Célebres hospicios!*
(Exclamaba también Lope de Vega
Llorando la vejez de su sotana)
*Que apenas de haber sido dais indicios,*
Si moristeis del tiempo en la refriega
Y ejemplo sois de la locura humana,

¡Ah!, no es extraño que el que a treinta llega
Llegue a encontrarse la cabeza cana.

  Adiós amores, juventud, placeres,
Adiós vosotras las de hermosos ojos,
Hechiceras mujeres,
Que en vuestros labios rojos
Brindáis amor al alma enamorada;
Dichoso el que suspira
Y oye de vuestra boca regalada,
Siquiera una dulcísima mentira
En vuestro aliento mágico bañada.
¡Ah!, para siempre adiós: mi pecho llora
Al deciros adiós: ¡ilusión vana!
Mi tierno corazón siempre os adora,
Mas mi cabeza se me vuelve cana.

  Coloraba en Oriente
El sol resplandeciente
Los campos de zafir con rayos de oro,
Y su rico tesoro
Del faldellín de plata derramaba
La aurora y esmaltaba
La esmeralda del prado con mil flores,
Brotando aromas y vertiendo amores,
Y llenaban el mundo de armonía
La mar serena y la arboleda umbría,
Rizando aquélla sus lascivas olas,
Y ésta las verdes copas ondeando,
Coronadas de vagas aureolas
A los rayos del sol que se va alzando.

  Y era el año cuarenta en que yo escribo
De este siglo que llaman positivo
Cuando el que viejo fue, por la mañana,
En vez de hallarse la cabeza cana
Y arrugada la frente,

Se encontró de repente
Joven al despertar, fuerte y brioso;
Y el antes fatigoso
Del triste corazón flaco latido
En vigoroso golpe convertido,
Y palpitantes conteniendo apenas
La hirviente sangre las hinchadas venas,
Y sintió nueva fuerza en los nervudos
Músculos, antes de calor desnudos,
Mientras, en su agitada fantasía,
Volando con locura el pensamiento,
En vaga tropa imágenes sin cuento
De oro y azul el porvenir traía.

El corazón henchido de esperanza,
Sin temor de mudanza
Mecida el alma en el placer futuro,
El ánimo seguro
Tras su ilusión lanzándose a la gloria,
Y libre de recuerdos la memoria,
Y el alma y todo nuevo,
Todo esperanzas el feliz mancebo.

La nube más ligera
No empañaba la atmósfera siquiera
De su nuevo atrevido pensamiento.
Nuevo su sentimiento
Y pura y nueva su esperanza era;
A su espalda las aguas del olvido
Sus antiguos recuerdos se llevaron
Y de la vida con raudal crecido
Correr el limpio manantial dejaron.

Y era el primer latido
Que daba el corazón, y era el primero
Pensamiento ligero
Que formaba la mente, y la primera
Nacarada ilusión del alma era:

Sus ojos a mirar no se volvían
Los recuerdos que huían
Y el denso velo de la muerte oculta,
Porque muertos habían,
Muerto ya hasta el recuerdo de su nombre,
Que allá también la eternidad sepulta,
Y al despertar amaneció otro hombre.

¿Quién dudará que el nombre es un tormento?
Todo el tiempo pasado
Va para siempre atado
Al nombre que conserva el pensamiento
Y trae a la memoria
Un solo nombre, una doliente historia.
Hilo tal vez de la madeja suelto,
En el nombre va envuelto
El despecho, el placer, las ilusiones
De cien generaciones
Que su historia acabaron
Y cuyos nombres sólo nos quedaron.
Clavo de donde cuelgan nuestras vidas
En mil jirones pálidos rompidas,
Que traen a la memoria
Cual rota enseña la pasada gloria:
Porque el nombre es el hombre
Y es su primer fatalidad su nombre,
Y en él se encarna a su existencia unido
Y en su inmortal espíritu se infunde,
Y en su ser se confunde,
Y arranca su memoria del olvido.
Y viviendo de ajena y propia vida,
Alma de los que fueron, desprendida
Júntase al alma del que vive y lleva
Cual parte de su vida en su memoria
La ajena vida y la pasada historia.

Cuanto diciendo voy se me figura
Metafísica pura,

Puro disparatar, y ya no entiendo,
Lector, te juro, lo que voy diciendo.
Vuelvo a mi cuento y digo
Que el viejo nuestro amigo
Amaneció tan otro y tan ufano,
Tan orondo y lozano,
Que envidia y gloria diera
A un jerónimo antiguo si le viera.
No hablo de los jerónimos de hoy día,
Que flacos, macilentos,
Tal vez recuerdan con la panza fría
La abundancia y la paz de sus conventos.

   Tersa y luciente brilla
La morena mejilla;
Los afilados dientes
Unidos, transparentes,
Entre sus labios de carmín blanquean,
Y en negros rizos por su espalda ondean
Los cabellos de ébano bruñido,
En tanto que encendido
Fuego sus negros ojos centellean;
Y su frente diáfana ilumina
Su raudo pensamiento
Prestando a su semblante movimiento,
Vívido rayo de la luz divina.
Ancha la espalda, levantado el pecho,
De férreos nervios hecho
El vigoroso cuerpo, y la belleza
Junta a la fortaleza:
Maravillosa máquina formada
Por ingenio divino
De siglos mil a resistir lanzada
El choque y torbellino.

   ¡Y el alma! ¡El corazón! ¡La fantasía!
¡Oh!, la aurora más pura y más serena
De abril florido en la estación amena
Fuera junto a su luz noche sombría.

Nosotros, ¡ah!, los que al nacer lloramos,
Que paso a paso a la razón seguimos,
Que una impresión tras otra recibimos,
Que ora a la infancia, a la niñez llegamos,
Luego a la juventud, ¡ah!, no alcanzamos
A imaginar la dicha y la limpieza
Del alma en su pureza.
¿Quién no lleva escondido
Un rayo de dolor dentro del pecho?
¿Por cuál dichoso rostro no han corrido
lágrimas de amargura y de despecho?
¡Quién no lleva en su alma,
¡Ah!, por muy joven y feliz que sea,
Un penoso recuerdo, alguna idea,
Que nublando su luz turba su calma!

Tal nuestro padre Adán... Pero dejando
Comparaciones frías
Que, el alma atormentando,
Nos traen recuerdos de mejores días,
Y de aquella fatal, negra mañana
De la flaqueza o robustez de Eva,
Cuando alargó la mano a la manzana
Y... Pero, pluma, queda...
¿A qué vuelvo otra vez al Paraíso
Cuando la suerte quiso
Que no fuera yo Adán, sino Espronceda?
Ni el primer hombre ni el varón segundo,
Sino Dios sabe el cuántos, que no tengo
Número conocido y me entretengo
En este mundo tan alegre y vario
Como en jaula de alambres el canario,
Divertido en cantar mi Diablo Mundo,
Grandílocuo poema y elocuente,
En vez de hablar allí con la serpiente...,
Reptil sin instrucción, poco profundo,
Poco *espiritual* y al cabo un ente
De fe traidora y de melosa lengua,

El cual tal vez me hubiera pervertido
Y como a Eva para eterna mengua,
Deshonrado además y seducido:
Y al fin allí no había
Cátedras ni colegios todavía.


Y dejando también mis digresiones,
Más largas cada vez, más enojosas,
Que para mí son tachas y borrones
De las mejores obras, fastidiosas
Haciéndolas, llevando al pacienzudo
Lector confuso siempre, aunque es defecto
De escritor concienzudo
Que perdona el efecto,
Con la intención de mejorar conciencias
Con sus disertaciones y advertencias.


El hombre, en fin, se levantó del lecho,
Mancebo ardiente y vigoroso hecho,
Fuera de sí de esfuerzo y de alegría,
Rebosándole el gozo
Al rostro y en el alma el alborozo
Al impulso secreto que sentía.


Era en el mes de abril una mañana;
Con un rayo de sol dorado el viento
Alegraba el cristal de su ventana,
Y mecidas en blando movimiento
De varios tiestos las pintadas flores,
Sus corolas erguían
Y al transparente céfiro esparcían
Juveniles aromas y colores.


Desplegaba ligera
Entre las flores y el cristal sus alas,
Ninfa de la galana primavera,
De su color vestida y ricas galas,

En círculos volando bulliciosa
Alegre mariposa.
Sus alas dando al sol rico tesoro
De nieve y de zafir con polvos de oro.
Y la aromosa flor que se mecía,
Y el aliento del aura enamorada,
Y la brillante luz que se bullía,
Y el inquieto volar de la encantada
Mariposa feliz girando en torno,
Imágenes doradas de la vida
Eran y rico adorno
Que a la ilusión del porvenir convida.
Flores, luces, aromas y colores,
Que sueña el alma enamorada cuando
Guardan su sueño a su alrededor cantando
La virtud, la esperanza y los amores.

Y un alegre rumor que el vago viento
En confundido acento
De la calle elevaba,
Bullicio de la gente que pasaba,
Cada cual acudiendo a sus quehaceres,
Acá y allá esparcidos
Su afán mezclando y diferentes ruidos
Al confuso rumor de los talleres,
Escalando a la estancia del mancebo
Con estrépito alegre y armonía,
A su encantado pensamiento nuevo
Regocijo añadía.

¡Oh mundo encubridor, mundo embustero!
¡Quién en la calle de Alcalá creyera
Tanta felicidad que se escondiera
Y en un piso tercero!
Mas todo son jardines de hermosura,
Si con su varia tinta
El alma en su ventura
Y mágica ilusión el cuadro pinta:

¡Y el más bello pensil trueca y convierte
Del alma la amargura
En páramo erial de luto y muerte!

¡*Bueno es el mundo! ¡Bueno! ¡Bueno! ¡Bueno!*
Ha cantado un poeta amigo mío,
Mas es fuerza mirarlo así de lleno,
El cielo, el campo, el mar, la gente, el río,
Sin entrarse jamás en pormenores
Ni detenerse a examinar despacio,
Que espinas llevan las lozanas flores,
Y el más blanco y diáfano topacio
Y la perla más fina
Manchas descubrirá si se examina.

Pero ¿qué hemos de hacer, no examinar?
¿Y el mundo que ande como quiera andar?
Pasar por todo y darlo de barato
Fuera vivir cual sandio mentecato;
Elegir la virtud en un buen medio
Es un continuo tedio;
Lanzarse a descubrir y alzarse al cielo
Cuando apenas alcanza nuestro vuelo
A elevarnos un palmo de la tierra,
Miserables enanos,
Y con voces hacer mezquina guerra
Y levantar las impotentes manos,
Es ridículo asaz y harto indiscreto:
Vamos andando, pues, y haciendo ruido,
Llevando por el mundo el esqueleto
De carne y nervios y de piel vestido.
¡Y el alma que no sé yo do se esconde!
Vamos andando sin saber adónde.

Vagaba en tanto por la estancia en cueros,
Sin respeto al pudor, como un salvaje,
O como andaba allá por los oteros
Floridos del Edén, o por los llanos,

Sin arcabuz ni paje,
El padre universal de los humanos,
Que sin duda andaría
Solo y sin su mujer el primer día,
O como van aún en las aldeas,
Sucias las caras feas
Y el cuerpo del color de la morcilla,
Los chicos de la Mancha y de Castilla.
Nuestro héroe gritando,
Gestos haciendo y cabriolas dando,
Hasta que al fin al ruido
Entró allí su patrón medio dormido.
Frisaba ya el patrón en sus cincuenta,
Hombre grave y sesudo,
Tenido entre sus gentes por agudo,
Con lonja de algodones por su cuenta:
Elector, del sensato movimiento
Partidario en política, y nombrado
Regidor del heroico Ayuntamiento
Por fama de hombre honrado,
Y odiar en sus doctrinas reformistas
No menos al partido moderado
Que a los cuatro anarquistas,
Aunque éstos le incomodan mucho más;
Por no verlos se diera a Barrabás,
Y tiene persuadida a su mujer
Que es gente que no tiene qué perder.

Leyendo está las *Ruinas de Palmira*
Detrás del mostrador a aquellas horas
Que cuenta libres, y a educarse aspira
En la buena moral,
Y a la patria a ser útil en su oficio,
Habiendo ya elegido en su buen juicio,
En cuanto a religión, la natural:
Y mirando con lástima a su abuelo,
Que fue al fin un esclavo,

Y el mezquino desvelo
De los pasados hombres y porfías,
Rinde gracias a Dios, que el mundo al cabo
Ha logrado alcanzar mejores días.
Así filosofando y discurriendo,
Sus cuentas componiendo,
Cuidando de la villa y su limpieza,
Sólo tal vez alguna ligereza
Turba su paz doméstica, que ha dado
En darle celos su mujer furiosa,
Y aunque sobremanera
Los celos sin razón ella exagera,
Suena en el barrio como cierta cosa
Que, aunque viejo, es de fuego
Corriente en una broma y mujeriego.

En la estancia al estruendo y algazara
Entra el discreto concejal gruñendo
Y con muy mala cara
De las bromas del huésped maldiciendo;
Bromas de un hombre de su edad ajenas,
Con un pie en el sepulcro dando voces,
Haciendo el niño y disparando coces...
Mas lo que puede el regidor apenas
(Don Liborio) llegar a comprender,
Es cómo a tanto escándalo se atreve
Un hombre que le debe
Cuatro meses lo menos de alquiler.

«¿Es posible, al entrar dijo, don Pablo
(Sin reparar siquiera
Que su huésped el mismo ya no era),
Que os tiente así tan de mañana el diablo?
¡Vive Dios que os encuentro divertido!...
¿Parece bien que un viejo que ya tiene
Más años que un palmar, hecho un orate,
Arme él solo más ruido
Que cien chiquillos juntos?... ¡Botarate!

Más valiera que tantas alegrías
Fueran pagar contado
Mis cuatro meses y diez y ocho días!»

Tal con rostro indigesto
Dijo, y, en ademán de hombre enojado,
Con desdén la cabeza torció a un lado
Y empujó el labio con severo gesto.

Con una interjección y un fiero brinco,
Digno de Auriol, el saltarín payaso,
Al grave regidor le salta al paso,
Colgándose a su cuello con ahinco
Y amorosa locura,
Su improvisado huésped, que se afana
(Tal simpatiza la familia humana)
Por conocer aquel confuso ente
De tan rara figura
Que aparece a sus ojos de repente;
Y ambas manos le planta
En los carrillos y su faz levanta
Por verle bien, y en la nariz le arroja
Tan súbita y ruidosa carcajada,
Fijando en él su vívida mirada,
Que al pequeñuelo regidor enoja.

¡Cómo! ¡A mí! ¡*Voto a tal!*, gritó en su ira
Furioso el pobre concejal en tanto,
Viendo aquel tagarote con espanto
Que con salvaje júbilo le mira,
Que le acaricia rudo,
Hércules sin pudor, Sansón desnudo,
Con atención tan rara y tan prolija
Que, al contemplar sus gestos y oír su voz,
Cada vez más se alegra y regocija
Con delirio feroz.
Crujiéndole de cólera los huesos,
En su impotencia, don Liborio, en vano,

A remediar se esfuerza los excesos
De aquel bárbaro audaz y casquivano;
Confuso y sin saber quién le ha traído,
Ni por dónde ha venido,
Ni cómo, por qué arte prodigioso,
Su pacífico viejo en tan furioso
Huésped se ha convertido.

Su alegre huésped que le palpa y ríe
Como a juguete vil contempla el niño,
Que, en su brutal cariño,
Ni un punto le permite se desvíe;
Que, imperturbable, en tanto que murmulla
El patrón amenazas y razones,
Súplicas, maldiciones,
Gritos inortográficos le aúlla,
Pálpale el rostro y pízcale el semblante.

¿Qué hombre formal se vio
En situación jamás tan apurada?
Su grave dignidad comprometida,
Y aquí la autoridad desconocida
Yace, además, y ajada
Con que la sociedad le revistió.

Ya le levanta en alto y le examina,
Y, al verle mal formado y tan pequeño,
Le contempla risueño
Entre cariño y burla con ternura,
Y que un poder providencial lo envía
(¡Oh presunción del hombre!) se figura
A servirle y hacerle compañía.

En fin, los gritos fueron
Tales, y tantas del patrón las voces,
Que todos los vecinos acudieron
Al estruendo y estrépito feroces.

Acudió, como era
De su deber, al punto la primera,
Su mujer con vestido de mañana
Y tres moños no más en la marmota,
Dos de color de rosa, otro de grana,
Que, aunque el afán de ver quién alborota
La hizo subir con el vestido abierto,
La negra espalda al aire y sin concierto,
La marmota y los lazos, con descuido,
Por el bien parecer se los ha puesto,
Que un traje limpio y un semblante honesto
Decoro en la mujer dan al marido.
Acudió a la par de ella
Un pintor joven, cuya mala estrella
Trajo a Madrid con más saber que Apeles,
Mas no llegó a pintar porque el dinero
A su llegada le ganó un fullero
Y no compró ni lienzo ni pinceles;
Y en la buhardilla vive,
Lejos del ruido y pompas de este mundo.
Junto a Dios nada menos, del profundo
Genio de Dios la inspiración recibe;
Mas tanto genio por causa tan fútil
Estéril es, la inspiración inútil.
Y ¡oh prosa! ¡Oh mundo vil!, no inspiraciones
Pide el pintor a Dios, sino doblones.

Un cachazudo médico, vecino
Del cuarto principal, materialista,
Sin turbarse subió, y entre otros vino
Un romántico joven periodista,
Que en escribir se ocupa folletines,
De alma gastada y botas de charol,
Que ora canta a los muertos paladines,
Ora escribe noticias del Mogol
Cada línea a real, y anda buscando
Mundo adelante nuevas sensaciones,

Las ilusiones que perdió llorando,
Lanzando a las mujeres maldiciones.

En tanto le ha quitado su gorreta
Griega al patrón el héroe, y decidido
Sobre su noble frente la encasqueta,
Ancho de vanidad, de gozo henchido,
Y en cueros, con su gorro, se pasea
Por el cuarto, y gentil se pavonea,
Que es natural al más crudo varón
Ser algo retrechero y coquetón,
Echándole al patrón con desparpajo
Miradas que le miden de alto a abajo,
Sin hacer caso de sus voces fieras,
Creyéndole en su estado natural,
Ni atender al estrépito infernal
De los que suben ya las escaleras.

Se abrió de golpe la entornada puerta
Y de tropel entraron los vecinos
Y hallaron al patrón que a hablar no acierta
Y al Hércules haciendo desatinos.
Su esposa la primera, medio muerta
De espanto y de dolor, gritó: «¡Asesinos!»
Porque tiene el amor ojos de aumento
Y quita la pasión conocimiento.

Fue del patrón, cuando llegó socorro,
Echarla lo primero de valiente
Y recobrar su dignidad y el gorro,
Tomando un ademán correspondiente.
Y así mirando indiferente al corro,
Que es máxima que tiene muy presente
La de *nihil admirari*, y la halló un día
En un tratado de filosofía,

Tendió la mano, al loco señalando,
Y al mismo punto su inocente esposa
La misma infausta dirección, temblando,
Con los ojos siguió toda azarosa.

*¡Oh terrible visu!* ¡Cuadro infando!
¡Oh! La casta matrona ruborosa
Vio...; mas ¿qué vio, que de matices rojos
Cubrió el marfil y se tapó los ojos?

Musas, decid qué vio... La Biblia cuenta
Que hizo a su imagen el Señor al hombre,
Y a Adán desnudo a su mujer presenta,
Sin que ella se sonroje ni se asombre;
Después se le ha llamado, y a mi cuenta,
Mientras peritos prácticos no nombre
La familia animal, está dudoso,
Entre todos al hombre el más hermoso.

Y muy cara se vende una pintura
De una mujer o un hombre en siendo buena,
Y estimamos desnudo en la escultura
Un atleta en su rústica faena;
Mas eso no: la natural figura
Es menester cubrirla y darla ajena
Forma bajo un sombrero de castor,
Con guantes, fraque y botas por pudor.

No que me queje yo de andar vestidos,
Y ahora mucho menos en invierno,
Y que el pudor se dé por ofendido
De ver desnudo un hombre lo discierno,
Y mucho más si el hombre no es marido
Ni cuñado siquiera, suegro o yerno,
Que entonces la mujer no tiene culpa
Y el mismo parentesco la disculpa.

Mas es el caso aquí que aquella dama
Mujer del concejal... ¡Oh!, sin lisonja,
¿Cómo diré la edad que le reclama
El tiempo que hace ya vive en la lonja,
Yo, que me precio de galán? La fama,
Viéndola hacer escrúpulos de monja,

A los presentes reveló la cuenta
Y hubo vecino que la echó cincuenta.

¡Tanto pudor a los cincuenta años!
¡Oh incansable virtud de la matrona!
Después de tanto ataque y desengaños,
En este mundo pícaro, que abona
El vicio con sus crímenes y amaños,
El tiempo, que peñascos desmorona,
No pudo su virtud jamás vencer:
¡Oh feliz don Liborio! ¡Oh gran mujer!

¿Y habrá de irse sin mirar siquiera
A un monstruo, a un loco? ¿Y dejará en el riesgo
A su Liborio con aquella fiera
En trance que ha tomado tan mal sesgo?
No lo permita Dios: Liborio muera
Y ella también con él.—Y aquí yo arriesgo,
Por seguir en octavas este canto,
Débilmente cantar *dévouement* tanto.

Ella, la pobre, a su pesar forzada
A ver a un hombre en cueros que no es
Su esposo, con rubor una mirada
Le echó de la cabeza hasta los pies,
Y aunque fuerte, y honesta, y recatada,
Un pensamiento la ocurrió después:
Que la mujer, al cabo, menos lista
Tiene en su corazón algo de artista.

Y al contemplar las formas majestuosas,
La robustez del loco y carnes blancas,
Recordó suspirando las garrosas
Del pobre regidor groseras zancas.
Son las comparaciones siempre odiosas,
Siempre, y en el archivo de Simancas,
Si no me engaño, pienso haber leído
Que en el símil perdió siempre el marido.

¡Oh cuán dañosas son las bellas artes!
¡Y aún más dañosa la afición a ellas!
A sus maridos estudiar por partes
¡Cuántas extravió mujeres bellas!
No pensó más moléculas Descartes,
Ni en más rayos se parten las estrellas
Que en partes ¡ay! una mujer destriza
A su esposo infeliz y lo analiza.

Y a par que en él aplica el analítico,
Al ajeno varón le echa el sintético,
Y al más fuerte marido encuentra estítico,
Y al más débil galán encuentra atlético.
Juzga al primero un corazón raquítico,
Halla en el otro un corazón poético;
La palabra de aquél, ruda y narcótica,
Y la del otro, tímida y erótica.

Y a mí este juicio me parece exacto,
Y parézcales mal a los maridos,
Que ellos han hecho con el mundo un pacto
Y sus derechos son reconocidos,
Y si tienen mujer, justo *ipso facto*
Es que su condición lleven sufridos,
Que habla con su mujer el que se casa
Y yo con las paredes de mi casa.

El pensamiento que cruzó la mente
De la honrada mujer del concejal
Fue sin pasión juzgado estrictamente,
Cuando más, un pecado venial:
La honrada dueña que no sea siente
(Y éste es un sentimiento natural)
Tan membrudo, tan noble y vigoroso
Como su huésped, su querido esposo.

Y otra cosa, además, siente también
Que no se ha de saber por mí tampoco,

Ya que ella la reserva, y hace bien,
Que al cabo el hombre aquel no es más que un
Hay quien dice además que con desdén [loco;
Vio desde entonces, y le tiene en poco
(Tal impresión en ella el huésped hizo)
A un mozo de la tienda asaz rollizo.

*¡Ay, infeliz de la que nace hermosa!*
Mas la verdad (si la verdad se puede
En materia decir tan espinosa)
Es (y perdón la pido si se excede
Mi pluma, en lo demás tan respetuosa)
(Y esto, ¡oh lector!, entre nosotros quede),
Mas no lo he de decir, que es un secreto,
Y siempre me he preciado de discreto.

¿Quién es el hombre aquél? ¿Quién le ha
¿Adónde el viejo está que allí vivía? [traído?
¿Cómo y de dónde en cueros ha venido?
La noche antes don Liborio había
Visto en su cuarto al viejo recogido;
Su cuenta preparada le tenía,
Y cuando el ruido a averiguar hoy entra,
Desnudo un loco en su lugar se encuentra.

Miran al loco todos entretanto,
Que por tal al momento le tuvieron,
Y tal belleza y desenfado tanto
Confiesan entre sí que nunca vieron.
Viéranlo con deleite si el espanto
Que al encontrarlo súbito sintieron
Les dejara admirarle; pero el susto,
Hasta a la dueña le acibara el gusto.

El los mira también, entre gustoso
Y extrañado, con plácido semblante,
Con benévola risa cariñoso,
Señalando al patrón que está delante.

Y festejar queriéndole amoroso,
Fija la vista en él, y al mismo instante
La mano alarga y el patrón la evita,
Se echa hacia atrás amedrentado y grita

Y su desvío y desdeñoso acento
Sin comprender tal vez y ya impaciente,
El nuevo mozo, entre jovial y atento,
De un salto avanza a la agolpada gente;
En pronta retirada, un movimiento
Todos hicieron, y hasta el más valiente,
El audaz regidor, lo menos cinco
Escalones saltó de un solo brinco.

No es retirarse huir, no, ni cordura
Fuera trabar tan desigual combate
Con un loco de atlética figura
Capaz de cometer un disparate.
Gritando ¡*atarlo*! bajan con presura;
Gran medida, mas falta quien le ate;
Velos el loco, y más veloz que un gamo,
Prepárase a saltar de un brinco un tramo.

¡Oh confusión!, que al verle de repente
Rápido desprenderse de lo alto,
Cada cual baja atropelladamente
Con gritos de terror, de aliento falto.
Rueda en montón la acobardada gente,
Y el regidor, queriendo dar un salto,
Entre los pies del médico se enreda,
Se ase a su esposa, y con su esposa rueda.

Y el médico también rueda detrás,
A un tobillo cogido del patrón;
Entrégase el pintor a Barrabás,
Que en un callo le han dado un pisotón.
Armase un estridor de Satanás,
El poeta ha perdido una ilusión,

Que ha visto de la dama no sé qué
Y a más acaba de torcerse un pie.

  Y acude gente, y el rumor se aumenta,
Y llénase el portal, crece el tumulto;
Su juicio cada cual por cierto cuenta,
Y se pregunta y se responde a bulto:
Dicen que es un ladrón; hay quien sustenta
Que al pueblo de Madrid se hace un insulto
Prendiendo a un regidor, y que él resiste
A la ronda de esbirros que le embiste.

  Llega la multitud formando cola
Al sitio en que se alzaba Mariblanca,
Y la nueva fatal de que tremola
Ya su pendón y que asomó una zanca
El espantoso monstruo que atortola
Al más audaz ministro, y lo abarranca,
El *Bú* de los gobiernos, la anarquía,
Llegó aterrando a la secretaría.

  Ordenes dan que apresten los cañones,
Salgan patrullas, dóblense los puestos,
No se permitan públicas reuniones,
Pesquisas ejecútense y arrestos;
Quedan prohibidas tales expresiones,
Obsérvense los trajes y los gestos
De los enmascarados anarquistas,
Y de sus nombres que se formen listas.

  Que luego a son de guerra se publique
La ley marcial, y a todo ciudadano
Cuyo carácter no le justifique
Luego por criminal que le echen mano;
Que a vigilar la autoridad se aplique
La mansión del Congreso soberano,
Y bajo pena y pérdida de empleos,
Sobre todo la Casa de Correos.

Pásense a las provincias circulares,
Y en la *Gaceta*, en lastimoso tono,
Imprímanse discursos a millares
Contra los clubs y su rabioso encono;
Píntense derribados los altares
Rota la sociedad, minado el trono,
Y a los cuatro malévolos de horrendas
Miras mandando y destrozando haciendas.

¡Oh, cuadro horrible! ¡Pavoroso cuadro!
Pintado tantas veces y a porfía,
Al sonar el horrísono baladro
Del monstruo que han llamado la anarquía.
Aquí tu elogio para siempre encuadro,
Que a ser llegaste el pan de cada día,
Cartilla eterna, universal registro
Que aprende al gobernar todo ministro.

¡Oh, cuánto susto y miedos diferentes,
Cuánto de afán durante algunos años
Con vuestras peroratas elocuentes
Habéis causado a propios y aun a extraños!
Mal anda el mundo, pero ya las gentes
Han llegado a palpar los desengaños,
Y aunque cien tronos caigan en ruina,
No menos bien la sociedad camina.

¡Oh, imbécil, necia y arraigada en vicios
Turba de viejos que ha mandado y manda!
Ruinas soñar os hace y precipicios
Vuestra codicia vil que así os demanda.
¿Pansáis tal vez que los robustos quicios
Del mundo saltarán si aprisa anda
Porque son torpes vuestros pasos viles,
Tropel asustadizo de reptiles?

¿Qué vasto plan? ¿Qué noble pensamiento
Vuestra mente raquítica ha engendrado?

# El diablo mundo

¿Qué altivo y generoso sentimiento
En ese corazón respuesta ha hallado?
¿Cuál de esperanza vigoroso acento
Vuestra podrida boca ha pronunciado?
¿Qué noble porvenir promete al mundo
Vuestro sistema de gobierno inmundo?

Pasad, pasad como funesta plaga,
Gusanos que roéis nuestra semilla;
Vuestra letal respiración apaga
La luz del entusiasmo apenas brilla.
Pasad, huid, que vuestro tacto estraga
Cuanto toca y corrompe y lo amancilla;
Sólo nos podéis dar, canalla odiosa,
Miseria y hambre y mezquindad y prosa.

Basta, silencio, hipócritas parleros,
Turba de charlatanes y eruditos,
Tan cortos en hazañas y rastreros
Como en palabras vanas infinitos:
Ministros de escribientes y porteros,
De la nación eternos parásitos.
Basta, que el corazón airado salta,
La lengua calla y la paciencia falta.

Mientras al arma el ministerio toca
Y se junta la tropa en los cuarteles
Y ve la gente con abierta boca
Edecanes a escape en sus corceles
Cruzar las calles y al motín provoca
El gobierno con bandos y carteles,
Y andan por la ciudad jefes diversos
Cuyos nombres no caben en mis versos,

Como el jefe político y sus rondas,
Capitán general, gobernador,             [condas
Los que por mucho, ¡oh monstruo!, que te es-
Darán contigo en tu mansión de horror,

Como del mar las agolpadas ondas,
Al ímpetu del viento bramador,
La calle entera de Alcalá ocupando
Se va la gente en multitud juntando.


Y ya el discorde estrépito aumentaba
Y la mentira y el afán crecía,
Y la gente a la gente se empujaba,
Codeaba, pisaba y resistía.
El semblante y los ojos empinaba
Cada cual para ver si algo veía,
Y en larga hilera están ya detenidos
Gentes, carros y coches confundidos.


Como bosque de palmas que al violento
Impetu dobla la gallarda copa,
Cuando apiñado lo recoge el viento
Y con su manto anchísimo lo arropa,
Así ondula con sordo movimiento
En la ancha calle la agolpada tropa,
Y la apiñada muchedumbre ruge
Al vaivén rudo de su propio empuje.


Y cede, y vuelve, y crece el vocerío,
La agitación del popular tumulto,
Y un pánico terror entre el gentío
Con asombro común resbala oculto;
Y en tan revuelto y congojoso lío,
Con ronca voz y con violento insulto,
Contrarios intereses y pasiones
Le abren plaza a codazos y empujones.


Y como negra nube en el verano
Desátase en violento torbellino,
Y piedras llueve, y el dorado grano
Arroja al viento en raudo remolino,

Súbito rompe el populacho insano,
Se esparce y atropéllase sin tino,
Y huyen, acá y allá, y allá y acá
Corre la gente sin saber do va.


  Ya habrá el lector, si como yo del ruido
Y bulla popular y movimiento
Alguna vez aficionado ha sido,
Y con juicio observó y detenimiento,
Visto alguno tal vez tan aturdido
De la fuga en el crítico momento
Que dos horas después, si lo ha encontrado,
Del ímpetu primero aún no ha aflojado.


  Y en bandadas derrámase y se extiende
La antes amontonada muchedumbre,
Como gorriones que el gañán sorprende
Vuelan del llano a la lejana cumbre:
Nadie a la voz del compañero atiende,
Nadie acude a la ajena pesadumbre,
Nadie presta favor y todos gritan
Y en confuso tropel se precipitan.


  Y allí la voz aguardentosa truena,
Grita asustada y afligida dama,
Ladran los perros y las calles llena
La gente que en tumulto se derrama.
Suspende el artesano su faena,
Cuidoso el mercader sus gentes llama,
Puertas y tiendas ciérranse, añadiendo
Nuevo rumor al general estruendo.


  Y la prisa es de ver con que asegura
Cada cual su comercio y mercancía,
Y cómo alguno entre el tropel procura
Mostrar serenidad y valentía,

Y en torno de él la multitud conjura
A reunirse con calma, y sangre fría
Aconseja, mirando alrededor
Con ojos que desmienten su valor.

Y otros audaces de intención dañina,
Gózanse en el tumulto y, de repente,
Donde la gente más se arremolina
Prontos acuden a aturdir la gente.
Y huyen por aumentar la tremolina
Y confusión, y contra el más paciente
Espectador pacífico se estrellan,
Y con fingido espanto le atropellan.

Y en tanto que unos y otros alborotan,
Perora aquél y el otro hazañas cuenta,
Páranse en corro y furibundos votan
Y un solo grito acaso el corro ahuyenta,
Y aquellos de placer las palmas frotan,
Y éste el sombrero estropeado tienta,
Párase y el aliento ahogado exhala,
Y el tambor va tocando generala;

Y algunos nacionales van saliendo
El ánimo a la muerte apercibido,
El motín y su suerte maldiciendo
Con torvo ceño y gesto desabrido;
Y con voz militar, ¡*Adiós!* diciendo
A su aterrada cónyuge el marido,
Al son del parche y a la voz de alarma
Carga el fusil y bayoneta arma.

Y entretanto que vienen batallones
Y órdenes mil el ministerio expide,
Y envuelta en mil diversas confusiones
La autoridad en fin nada decide,
Y hay quien demanda a gritos los cañones,
Y quien las cargas de lanceros pide,

Y tal vez otro cavilando calla
Si escogerá la lanza o la metralla;

Y en tanto que en Madrid, cual se derraman
por las faldas del rojo Mongibelo
De lava mil torrentes, que recaman
Con ígneas cintas el tremante suelo,
Turbas de gente alborotadas braman
Y se derraman con insano anhelo,
En turbiones las calles inundando
Los unos a los otros espantando,

Súbito con asombro ve la gente
Que aun al portal del regidor espera
Salir desnudo a un hombre de repente
Con veloz violentísima carrera,
Y otro tras él con cólera impotente,
Chico y gordo y vestido a la ligera,
Afligido, empolvado y sin aliento,
Todos los pelos de la calva al viento;

Y a una mujer también desaliñada,
Y seis o siete más llenos de espanto,
Todos tras él gritando con turbada
Voz, *que tengan al loco*, y entretanto
Por la calle la faz alborozada,
El loco va con regocijo tanto,
Que causa gusto al verle tan esbelto
Andando a brincos tan airoso y suelto.

Pero la gente, viendo la figura
Desnuda de aquel hombre que corría
Rápido como el viento, y la premura
De la turba que ansiosa le seguía,
Y las voces oyendo y la locura
Temiendo del que loco parecía,
Sin otra reflexión viento tomaron,
Y hasta tomar distancia no pararon.

Mas luego que la calma sobrevino
Y los más animosos acudieron,
Y que era huir un necio desatino
Los menos advertidos conocieron,
Y a todos de saber el caso vino
Curiosidad, hacia el patrón corrieron,
Que eran el nuevo joven y el patrón
De tanto laberinto la ocasión.

Y en corro el caso del patrón indagan,
Y discuten tal vez puntos sutiles,
Y los magines desvariando vagan,
Perdidos de la historia en los perfiles;
Y oyen discursos sin que satisfagan
Los discursos las mentes varoniles
Que ansían profundizar, y nadie entiende
El caso que el patrón contar pretende.

«Es, pues, el caso, el regidor decía,
Que este viejo es un loco huésped mío,
Trocado en joven de la noche al día.
—Mirad que estáis diciendo un desvarío.
—Yo cuento la verdad. —¡Necia porfía!
Está loco. —Señores, no me río.
Yo no discurro nunca a troche y moche,
Era un viejo a las doce de la noche.

—Vamos, el regidor perdió un sentido.
—Si eso no puede ser. —¡No hay quién me
—Gritaba la mujer—. Es un perdido,      [asista!
Un servil, un ladrón, un anarquista.
Ha querido matar a mi marido.
—Y a vos os viola si no andáis tan lista,
—La repuso un cruzón, cara de pillo,
Que alegraba con chistes el corrillo.

—Yo dije que era viejo, ahora no digo
Que no sea joven. —Id, y el diablo os lleve.

# El diablo mundo

—Y ahora se me va... —Sois un bodigo.
—Con más de cuatro meses que me debe.
—Vos os contradecís. —Me contradigo
Y no me contradigo. —Que lo pruebe,
Gritaba el chusco de la faz burlona;
Idos, buen hombre, a reposar la mona.»

Desnudo en tanto el nuevo mozo vuela,
Párase, corre, alborozando grita,
Mira alegre en redor, nada recela,
Cuanto le cerca su entusiasmo excita:
Palpar, gritar, examinar anhela
Cuanto mira y en torno de él se agita,
Como al amor del maternal cariño
Mira la luz embelesado el niño.

¡Pobre inocente alma que entretiene
El mundo, y le divierte cual gracioso
Juguete, y a mirarle se detiene
Con pueril regocijo candoroso!
La luz, las gentes, en conjunto viene
Todo a herirla, cual juego luminoso
De prodigioso mágico que alzara
Ideal otro mundo con su vara.

Y la ciudad, y el sol, y sus colores,
La gente, y el tumulto, y los sonidos,
En grata confusión de resplandores
Y de armonías, llega a sus sentidos,
Cual las que esmaltan diferentes flores
Los verdes prados por abril floridos
Confunden con sonoro movimiento
Ruido y colores, si las mece el viento.

Y les presta su alma su hermosura,
Y el corazón su amor y lozanía,

Su mente les regala su frescura,
Y su rico color su fantasía;
Les da su novedad luz y tersura,
Regocijo les presta su alegría,
Que el alma gozo al contemplarse siente
Del mundo en el espejo transparente.

   Y en el continuo cambio y movimiento
Y algazara y bullicio alegre y vario,
Movido por recóndito portento
Ve el mundo cual magnífico escenario:
Lámpara el sol meciéndose en el viento,
Y obras de artificioso estatuario
Las figuras que en rápido tumulto
Cruzan, y anima algún resorte oculto.

   Y con su propio gusto satisfecho,
Que en sí propia su alma se alimenta,
Latir sintiendo alborozado el pecho,
Nada se explica, ni explicarse intenta;
Corre al placer de su ilusión derecho,
De su mismo placer sin darse cuenta,
Que del placer que se gozó sin tasa
Nadie se ha dado cuenta hasta que pasa.

   Pobre, inocente alma que no sabe
Que sólo al niño su inocencia abona,
Y que en el mundo compasión no cabe,
Que en la inocencia mofador se encona.
Alma llena de fe, cándida ave
Que dulces trinos en el bosque entona,
Que sencilla de rama en rama vuela,
Sin que su gracia al cazador conduela.

   Alma que en la aflicción y la agonía
Del alboroto popular y estruendo,
Grata danza de amor y de alegría
Con indecible júbilo está viendo;

# El diablo mundo

Cánticos la epantosa gritería
Piensa tal vez, en su ilusión creyendo
Animadas escenas placenteras
El susto de la gente y las carreras.

Y a tomar parte en el común contento
Lánzase y rompe y en mitad se arroja
Del bullicio más rápido que el viento,
Y en torno de él la gente se amanoja:
Ni cura del ajeno sentimiento,
Ni de verse desnudo se sonroja,
Y ora forman en torno de él corrillos,
Ora le sigue multitud de pillos.

Fue aquel día el asombro de la villa
Y escándalo de todo hombre sesudo,
Yendo tras él de gente una traílla
Que aterra a veces su ademán forzudo:
Allí corren los chicos, aquí chilla
Una mujer al verle andar desnudo,
Y algunas que los ojos se taparon,
Por pronto que acudieron le miraron.

Y andando así la gente ya le acosa,
Y alguno allí de condición liviana
Quiere que pruebe la intención graciosa
Y el trato afable de la especie humana;
Y arrojándole piedras con donosa
Burla por gusto e intención villana,
Le hizo el dolor sentir para que sepa
Que no hay placer donde el dolor no quepa.

Que entró en el mundo nuestro mozo apenas
Y su dicha y el mundo bendecía,
E inocentes miradas y serenas
Vertiendo en torno afable sonreía;
Cuando la bruta gente a manos llenas
Lanzaba en él cuanto dolor podía,

Que en traspasar disfrutan los humanos
Su dolor en el alma a sus hermanos.

   Sintió el dolor y el rostro placentero
Súbito coloró de azul la ira,
Y ya el semblante demudado y fiero
Con ojos torvos a la gente mira.
Huye el cobarde vulgo a lo primero,
Piedras después sin compasión le tira,
Gritan: *al loco*, y con temor villano
Huyen y le señalan con la mano.

   ¿Quién de nosotros la ilusión primera
Recuerda acaso en su niñez perdida?
¿Cuál fue el primer dolor, la mano fiera
Que abrió en el alma la primer herida?
¡Ay!, desde entonces, sin dejar siquiera
Un sólo día, siempre combatida
El alma de encontrados sentimientos,
Ha llegado a avezarse a sus tormentos.

   Mas, ¡ay!, que aquel dolor fue tan agudo
Que el alma atravesó; sin duda alguna
Fue de todos los golpes el más rudo
Que injusta nos descarga la fortuna,
Cuando inocente el corazón desnudo,
En el primer columpio de la cuna,
Se abre al amor en su ilusión divina,
Y en él se clava inesperada espina.

   ¡Y después! ¡Y después...! Así el mancebo,
Hombre en el cuerpo, y en el alma niño,
Todo a sus ojos reluciente y nuevo,
Todo adornado con gentil aliño,
Del falso mundo al engañoso cebo
Corre y brinda bondad, brinda cariño,
Y el mundo que al placer falaz provoca,
Dolor da en cambio al alma que lo toca.

# El diablo mundo

Mas deje, el mundo por su amor se encarga
Como un chorizo de curarla al humo,
Y de hiel rica quintaesencia amarga
Sacar para bañarla con su zumo;
Luego la ensancha más, luego la alarga,
La esquina, en fin, con artificio sumo,
Hasta que, endurecida y hecha callo,
Süave al tacto le parece un rayo.

Grave dolor el del mancebo ha sido,
Grave dolor, porque de aquella gente
La injusticia y crueldad ha comprendido
Con que paga su amor tan inocente.
No en el cuerpo, en el alma le han herido,
Que es niña el alma, y varonil la mente,
Y de juicio y razón Dios le ha dotado
Para que juzgue el mal que le ha tocado.

Sintió primero cólera, y pasando
El físico dolor al pensamiento,
Volvió los ojos tristes implorando
Piedad con amoroso sentimiento,
Madre tal vez en su dolor buscando,
Que temple con caricias su tormento;
*Mas los hombres no sirven para madres*
*Y aun apenas si valen para padres.*

Cuando llegó un piquete, y bien le avino,
Que la gente ahuyentó con su llegada,
Y el mozo agradecido a su destino
Miraba con placer la gente armada,
Pregúntanle después de dónde vino,
Cómo va en cueros, dónde es su morada,
Y él, que no sabe hablar, nada responde,
Los mira, y sigue sin saber adónde.

Y ¿adónde va? A la cárcel prisionero,
Que andar desnudo es ser ya delincuente.

El entretanto observa placentero
Los colores que viste aquella gente;
Y de una bayoneta lo primero,
Al mirarla tan tersa y reluciente,
Tocó la punta en su delirio insano,
Y en su inocente afán se hirió una mano.

Y éste fue entonces el dolor segundo,
Y dejaremos ya de llevar cuenta,
Que para algo Dios nos echa al mundo,
Y la letra con sangre entra y se asienta,
Y así la razón gana, así el profundo
Juicio con la experiencia se alimenta,
Y porque aprenda, el mundo así recibe
Al que no sabe cómo en él se vive.

## Canto IV

Rizados copos de nevada espuma
Forma el arroyo que jugando salta,
Ricos países de vistosa pluma
En campos de aire el pajarillo esmalta;
Alzase lejos nebulosa bruma,
De sombras rica, si de luces falta,
Y el verde prado y el lejano monte
Muro y término son del horizonte.

Allá en la enhiesta vaporosa cumbre
Su manto en Orïente el alba tiende,
Y blanca, y pura, y regalada lumbre
De su frente de nácares desprende.
Cándida silfa a su fugaz vislumbre
El aire en torno sonrosado enciende,
Y en su fuente la ondina voluptuosa
Se mece al son del agua armonïosa.

Y tras la densa y fúnebre cortina
Del hondo mar, sobre la rubia espalda,

Ráfagas dando de su luz divina,
Mécese el sol en lechos de esmeralda;
La niebla a trozos quiebra y la ilumina
Del terso azul por la tendida falda,
Y de naranja, y oro, y fuego pinta
Sobre plata y zafir mágica cinta.

Y en monte, y valle, y en la selva amena,
Y en la de flores mil fértil llanura,
Y en el seno del agua, que serena
Se desliza entre franjas de verdura,
El ruido alegre y bullicioso suena
De seres mil que cantan su ventura,
Prestando su algazara y movimiento
Voz a las flores y palabra al viento.

Las rosas sobre el tallo se levantan
Coronadas de gotas de rocío;
Las avecillas revolando cantan
Al blando son del murmurar del río;
Chispas de luz los aires abrillantan,
Salpicando de oro el bosque umbrío,
Y si el aura a la flor murmura amores,
La flor le brinda aromas y colores.

Y resonando... etcétera; que creo
Basta para contar que ha amanecido,
Y tanta frase inútil y rodeo,
A mi corto entender no es más que ruido.
Pero también a mí me entra deseo
De echarla de poeta y el oído,
Palabra tras palabra colocada,
Con versos regalar sin decir nada.

Quiero decir, lector, que amanecía,
Y ni el prado ni el bosque vienen bien;
Que este segundo Adán no verá el día
Nacer en los pensiles del Edén.

# El diablo mundo

Sino en la cárcel lóbrega y sombría,
Que su pecado cometió también,
Viniendo al mundo por extraño hechizo,
Y es justo que tal pague quien tal hizo.

   Corrió entre tanto por Madrid la fama
De aquella aparición del hombre nuevo,
De cómo viejo se acostó en su cama
Y al despertar se levantó mancebo.
Nueva de que era causa, se derrama,
Del gran tumulto que contado llevo,
Cuando atento el patrón, subiendo al ruido,
Halló en otro a su huésped convertido.

   Hay en el mundo gentes para todo:
Muchos que ni aun se ocupan de sí mismos,
Otros, que las desgracias de un rey godo
Leen en la historia y sufren parasismos;
Quién por saber la cosa, y de qué modo
Pasó, y contarla luego, a los abismos
Es capaz de bajar; quién nunca sabe
Si no es de aquello en que interés le cabe;

   Quién por saber lo que a ninguno importa
Anda desempolvando manuscritos,
Para luego dejar la gente absorta
Con citas y con textos eruditos;
Otro almacena provisión no corta
De hechos recientes, cuentos infinitos
Y mentiras apaña, y cuanto pasa
Se entretiene en contar de casa en casa.

   Este raro suceso que yo cuento,
Aquí en la capital ha sucedido,
Y es tanta la jarana y movimiento
En que su vecindario anda metido,
Que muchos no tendrán conocimiento
De un caso no hace mucho acontecido,

Y a otros tal vez tan verdadera historia
Se habrá borrado ya de la memoria.

   Mas yo, como escritor muy concienzudo,
Incapaz de forjar una mentira,
Confesaré al lector que mucho dudo
De la verdad del caso que le admira.
Contaré el cuento con mi estilo rudo
Al bronco son de mi cansada lira,
Y el hecho a otros afirmar les dejo
De haberse el mozo convertido en viejo.

   *Como me lo contaron te lo cuento*,
Y yo de la verdad sólo respondo
De que el mozo salvaje del portento
Anda alegre por ahí, mondo y lirondo:
Raro misterio que en conciencia siento
No poder descifrar por más que ahondo,
Mas ¿qué mucho si necio me confundo
Sin saber para qué vine yo al mundo?

   Que no es menor misterio este incesante
Flujo y reflujo de hombres, que aparecen
Con su cuerpo y su espíritu flotante,
Que se animan y nacen, hablan, crecen,
Se agitan con anhelo delirante,
Para siempre después desaparecen,
Ignorando de donde procedieron,
Y adonde luego para siempre fueron.

   Baste saber que nuestro héroe existe
Sin entrarse a indagar arcano tanto,
Que tiene para estar alegre o triste
Risa en los labios y en sus ojos llanto;
Que come, bebe, duerme, calza y viste,
Ya más civil en este cuarto canto,
Y que Adán en la cárcel le pusieron
Cuando desnudo como Adán le vieron.

El diablo mundo

Baste saber que el *Diario,* en su importante
Sección que casos de la corte cuenta,
En estilo variado y elegante,
Que el interés del sucedido aumenta,
Refiere este suceso interesante
Al número dos mil seiscientos treinta,
Y cómo sigue causa, el parte dado,
No me acuerdo qué juez de qué juzgado.

Y todos los de todos los colores
Periódicos (¡amable cofradía!)
Que se apellidan ya conservadores,
Ya progresistas, y que en lucha impía,
Cebo de los políticos rencores,
Mondan y pulen la cuestión del día,
De ilustración vertiendo ricas fuentes
En caudales fructíferos torrentes,

Ahondando la cuestión de estrago tanto,
Buscando el móvil de motín tan fiero,
Hallaron unos y otros, con espanto,
Que era un pagado y vil aventurero,
No disfrazado bajo el noble manto
De la santa virtud, sino altanero
Agente digno de la trama impía,
Saliendo en carnes a la luz del día.

Y acusó cada cual a su contrario
De haber pagado y encerrado al loco,
Y del absurdo cuento estrafalario,
Que honra por cierto su invención muy poco,
Cuál al gobierno acusa atrabiliario
Cuál supone en los clubs que se halla el foco,
Sin que ninguno ser quiera en su ira
Autor de tan *ridicula mentira.*

Y con lógica sana y juicio recto
Probaron, como cuatro y tres son siete,

Que no cabe en el más rudo intelecto
Que se convierta un viejo en mozalbete;
Y alguno, a los milagros poco afecto,
Con odio a todo clerical bonete,
Probó que nada, en un sabio discurso,
Basta del mundo a trastornar el curso.

Y yo quedé de entonces convencido
Casi de que era mentiroso el cuento,
Aunque siempre mis dudas he tenido,
Que es muy dado a dudar mi entendimiento;
Y cuanto llevo hasta ahora referido
Ni lo afirmo, ¡oh lector!, ni lo desmiento,
Que por mi honor te juro no quisiera
Que nadie mentiroso me creyera.

Y casi, casi, arrepentido estoy
De haber tomado tan dudoso asunto,
Y de a pública luz sacarlo hoy
Que la incredulidad llega a tal punto;
Mas ya adelante con mi cuento voy
Al son de mi enredado contrapunto,
Que es mi historia tan cierta y verdadera
Como lo fue jamás otra cualquiera.

Es el caso que Adán preso y desnudo
Hace ya un año que en la corte vive,
Do con áspero trato y ceño rudo
Aspera y ruda educación recibe.
Es cada cual allí doctor sesudo
Que practicando de su ciencia vive,
Tomos que enseñan más filosofía
Que cien años de estudio en solo un día.

Sociedad de filósofos aquella,
Andar allí desnudo a nadie espanta,
Antes más bien pondrán pleito y querella
Al que lleve chaqueta, capa o manta;

Y así a nadie extrañó cuando su estrella
Trajo allí al joven que mi lira canta,
Y un año desde entonces ha corrido
Y el mancebo se está como ha venido.

En cuanto a traje y nada más se entiende,
Que la sana razón su juicio aploma,
Sus sentidos aviva y los enciende
Y su rústico ardor desbrava y doma.
La gracia y ademán del jaque aprende,
Las más punzantes voces del idioma,
Y a sufrir y a callar y a caso hecho
Guardarse la intención dentro del pecho.

Y como el juicio su talento rija,
Comprende de derechos y deberes
El intrincado código que fija
Los goces de aquel mundo y padeceres;
Y el noble ardor que el corazón le aguija
En ansia de dominio y de placeres,
Y su hercúlea simpática figura
Del ajeno respeto le asegura.

Ni chiste ni pillada se le escapa,
Ni gracia alguna sin respuesta queda,
Ni las cartas mejor ninguno tapa
Cuando entre amigos el cané se enreda;
Revuelta al brazo con desdén la capa,
Con él, navaja en mano no hay quien pueda,
Que en la cárcel ahora ya no hay pillo
Que maneje mejor que él un cuchillo.

Ni lo hay más suelto y ágil, ni quien sea
Más diestro a la pelota y a la barra,
Ni más vivo y sereno en la pelea,
Ni de apostura tal ni tan bizarra,
Y a tanto va su gracia, que puntea
De modo que hace hablar una guitarra,

Y para acompañar se pinta solo
Su acento varonil cantando un polo.

   Y áspero a par que juguetón y atento,
Sin que de su derecho un punto ceda,
Hombre de pelo en pecho y mucho aliento,
Con los *ternes y jaques* entra en rueda;
Y creciendo en arrojo y valimiento,
En juez se erije y los insultos veda
Del fuerte al débil, y animoso arguye
Y a su modo justicia distribuye.

   Tal vez habrá quien diga, escrupuloso,
Que es poco tiempo para tanto un año,
Y poco fuera cierto, si dichoso
Vivido hubiera en lisonjero engaño;
Mas allí donde el látigo furioso
La suerte vibra con semblante huraño,
Donde ninguno de ninguno cuida,
Pronto se aprende a conocer la vida.

   Allí do hierve en ciego remolino
La sociedad, y títulos ni honores
Son del respeto formulado sino,
Ni sirven al que entra sus mayores,
Tienen todos que abrirse su camino:
Breve mundo de más grandes dolores,
Do lucha el triste en su afligido centro
Contra la sociedad de fuera y dentro.

   Siempre en eterna tempestad, impura
Mar donde el mundo su sobrante arroja,
Lucha náufrago el hombre a la ventura
Sin puerto amigo que en su mal le acoja.
Pechos que endureció la desventura
Y que el castigo de piedad despoja,
Cada cual de su propio pesar lleno,
Nadie se duele del dolor ajeno.

# El diablo mundo

Y ¿en qué parte del mundo, entre qué gente
No alcanza estimación, manda y domina
Un joven de alma enérgica y valiente,
Clara razón y fuerza diamantina?
Apura el jarro del licor hirviente
Cuando el más esforzado desatina
Y trastornado y balbuciente bebe,
Y aun él cien jarros a apurar se atreve.

Y es su malicia la malicia aquella
Viva y gentil del despejado niño,
Luz y candor su corazón destella
En medio de su alegre desaliño,
Su noble frente y su figura bella,
Su audacia inspira al corazón cariño,
Que aquella fiera gente, en su rudeza,
Admiran el valor y la grandeza.

Y aunque es su lengua rústica y profana
Y es su ademán de jaque y pendenciero,
Pura se guarda aún su alma temprana
Como la luz del matinal lucero;
Bate gentil, cual mariposa ufana,
El corazón sus alas placentero,
Que abrillantan aún los polvos de oro,
De inocencia y virtud breve tesoro.

Ni leyes sabe, ni conoce el mundo,
Sólo a su instinto generoso atiende,
Y un abismo de crímenes inmundo
Cruza y el crimen por virtud aprende.
Y aquel pecho que es noble sin segundo
Y que el valor y el entusiasmo enciende,
Aplica al crimen la virtud que alienta,
Y puro es si criminal se ostenta.

Como niño que cándido se esfuerza,
Y hacerse el hombre en su candor presume,

Y la echa de ánimo y de fuerza,
Miente blasfemias, fuma aunque no fume,
No hay nadie sobre él que imperio ejerza,
Y habla de mozas, tal, grato perfume
Vertiendo en tono de inocencia pura,
Al más bandido remedar procura.

Y como en mente y en valor les gana
Y aventaja en nobleza y bizarría,
Tanto les vence cuanto más se afana
En mostrarles mayor su gallardía;
Y aquellas almas viejas su alma ufana
Con noble anhelo superar ansía,
Sin cuidarse en los lances que le empeñan
De si es vicio o virtud lo que le enseñan.

Y por amor a adornos y colores
Y entender que lo exige su decoro,
Bordado un marsellés con mil primores
Cuelga de su hombro izquierdo con desdoro;
Charro un pañuelo de estampadas flores
Ciñe a su cuello, una sortija de oro,
Calzón corto, la faja a la cintura,
Botín abierto y gran botonadura.

Que aprendiendo a jugar ganó dinero,
Y allí a la reja la Salada viene,
Moza que vive de su propio fuero
Y en cuidar a los presos se entretiene.
El parece tal vez la *hizo salero*,
Y ella, que es libre y que a ninguno tiene
Cuenta que dar, dineros y comida
Le trae, de amores por su Adán perdida.

Y ya le ha aconsejado en su provecho
La pobre moza de su amor prendada,
Que aunque de rumbo y garbo y franco pecho
Y en su modo y palabras desgarrada,

Y aunque le mira, en cueros, que es bien hecho,
Con dulce encanto y alma enamorada,
Le aconsejó vestirse por decencia,
Y él se dejó vestir sin resistencia.

Vagando va confuso el pensamiento
En torno a la mujer del mozo ardiente,
Sin poderse explicar el sentimiento
Que por sus nervios esparcido siente;
Mas su vista le da dulce contento,
Respira en ella un codicioso ambiente
Que mágico embelesa sus sentidos,
Tras la ilusión de su placer perdidos.

Y su voz, aunque áspera, que suena
Grata a su oído, el corazón le adula,
Y de ansiedad confusa su alma llena,
Ni su ilusión ni su placer formula;
Lejano son de amante cantilena,
Que entre la brisa perfumada ondula,
Al aire de su dulce devaneo
Perdido vaga su genial deseo.

Y cuando ella con amor le mira,
En la ansiedad vehemente que le aqueja
Y en el ardor violento que le inspira,
Quiere romper la maldecida reja;
Y la sacude con violenta ira
Porque acercarse a ella no le deja,
Trémulos de furor sus miembros laten
Y sus arterias dolorosas baten.

Látigo y grillos y penoso encierro,
Pronta a saltar sobre él la muchedumbre,
Tratado allí como indomable perro,
Le impusieron forzada mansedumbre;
Cual vigoroso potro tasca el hierro,
Bota y arranca de las piedras lumbre,

El mozo así sujeto a su despecho
Siente un dolor que le desgarra el pecho.

   Fiero león que a la leona siente
En la cercana jaula de amor llena,
Que con lascivo ardor ruge demente,
De cólera erizando la melena,
Y la garra clavando en la inclemente
Reja, en torno los ámbitos atruena,
Y el duro hierro sacudido cruje
A tanto esfuerzo a tan tremendo empuje.

   Que al placer le convida su hermosura,
Más a sus ojos mágica que el cielo
Con su sereno azul bañado en pura
Luz que colora el trasparente velo;
Placer que inspira al corazón bravura,
Fuerza a sus nervios y valiente anhelo,
Su máquina impulsada y sacudida
Al ignorado goce a que convida.

   Que los ardientes ojos de la bella,
Y el que mayo pintó de rosa y nieve
Semblante alegre que salud destella,
Redondas formas y cintura leve,
Y gallardo ademán, ligera huella,
Pie recogido en el zapato breve,
Y blanca media que al tobillo pinta
De negro a trechos la revuelta cinta;

   Y el hueco traje que flotante vaga
En rica de lujuria y vaporosa
Atmósfera de amor que el alma halaga
Y evita los sentidos codiciosa,
Y que enseñar al movimiento amaga
Cuanto finge tal vez la mente ansiosa,
Que allá penetra en la belleza interna
Tras la pulida descubierta pierna,

Sácanle al rostro en torbellinos rojos
El fuego del volcán que el pecho asila,
Lanzando llamas sus avaros ojos,
Encendida la lúbrica pupila.
¡Mísero del que entonces sus enojos
¡Ay! provocara; la ira que destila
Su impotencia en su alma, rebosando
Sobre él cayera su dolor vengando!

¿Visteis al toro que celoso brama,
La cola ondeando sacudida al viento,
Que el polvo en torno levantando inflama,
Envuelto en nube de vahoso aliento,
Y ora a su amada palpitante llama,
Ora busca en su cólera violento,
Con erizado cerro y frente torva,
Quién el deseo de su amor estorba?

Así el mancebo en derredor revuelve
La vista en ansia de feroz pelea;
De nuevo a sacudir la reja vuelve,
Que trémula a su empuje titubea;
Calmarse, en fin, a su pesar resuelve,
Siente que en vano lucha y forcejea,
Y ella le habla, y él triste la mira,
Y sin saber qué responder suspira.

Que él no sabe con ella hablar de amores,
Sino sentir en su locura ciego;
Suspiro son la voz de sus dolores,
Y son sus ansias en sus ojos fuego.
Ella entretanto calma sus furores,
Que él siempre cede a su amoroso ruego,
Y en sus salvajes ojos se desliza
Dulce rayo de amor que los suaviza.

Porque es a un tiempo la manola airosa,
Gachona y blanda como altiva y fiera,

Y sabe con su Adán ser amorosa,
Y esquiva con los otros y altanera;
Paloma fiel, cordera cariñosa,
Aunque de rompe y rasga, y de quimera,
Y mal hablada, y de apostura maja,
Y que *lleva en la liga la navaja.*

Y está de su pasión tan satisfecha,
Tan ancha está de su gallardo amante,
Que hasta la tierra le parece estrecha
Y no hay dicha a su dicha semejante.
Cuando a la espalda la mantilla echa,
Y las calles se lleva por delante,
Pensando en el gachón que su alma adora
En su propia hermosura se enamora.

Corazón toda ella, y alma, y vida,
Y gracia, y juventud, desprecio siente
Hacia la sociedad, libre y erguida,
Hollándola con planta independiente;
Dejando a su pasión franca salida,
Un *pues mejor* rasgado e insolente
Con cara osada por respuesta arroja
Si alguno reprendiéndola la enoja.

Pobre mujer, para sufrir criada,
Vil la marcó la sociedad impía,
Viviendo en medio de ella condenada
A perpetua batalla y rebeldía.
Hija del crimen, sola, abandonada
A su propia experiencia y su energía,
Sin más lazo en el mundo ni consejo
Que un padre preso, criminal y viejo.

Era el tío Lucas, padre de la bella,
Hombre de áspero trato y de torcida
Condición dura y de perversa estrella.
Sin cesar por su boca maldecida;

Pocas palabras, de indolente huella,
Mal encarado y de intención dormida,
Chico y ancho de espaldas y cargado,
Largo de brazos y patiestevado.

De chata y abultada catadura,
De entrecana y revuelta espesa ceja,
Ojos saltones y mirada dura,
Blanca patilla a trechos y bermeja,
La frente estrecha y de color oscura:
Rojo el pelo, como áspera guedeja
Inaccesible al peine, aborrascado
En vedijas la cubre enmarañado.

No hay cárcel ni presidio en las Españas
Que no conserve de él alta memoria,
Ciudad que no atestigüe de sus mañas,
Ni camino sin muestras de su gloria;
Y consignada está de sus hazañas,
En procesos sin fin, la ínclita historia,
Aunque oscura y truncada, que a la pluma
Fió muy poco su modestia suma.

Lleva a rastra los pies andando, y mueve
Pesada y vacilante la cabeza,
Su pensamiento e intención aleve
Mostrando en su abandono y su pereza.
Mosquito insigne, por azumbres bebe
Sin vacilar un punto su firmeza,
Siempre fumando, el labio ya tostado
Con el tabaco negro y requemado.

Raya en sesenta años, y cincuenta
Hace ya que empezó sus correrías;
Quiénes fueron sus padres no se cuenta
Ni dónde ha visto sus primeros días;
Siempre sagaz, diversa historia inventa
Des sus viajes, familia y fechorías;

Cambia su nombre y patria, dando largas
Así a las horas de su vida amargas.

Este honrado varón, cuando desnudo
Adán entró en la cárcel y la gente
Le examinaba con anhelo rudo,
Explicó el caso con sesuda mente;
«¿No habéis —les dijo— visto nunca un mudo?
¿Qué diablos os *chungáis* de un inocente?»
Y apartó a todos con afecto raro,
Dando a su mudo protección y amparo.

Y como luego el inocente diera
Pruebas de su vigor y valentía,
Y abriera a uno, en desigual quimera,
Contra las piedras la cabeza un día,
Tanto amor le cogió, que la severa
Faz desplegando, que jamás reía,
Hablaba siempre dél guiñando el ojo
Con cierta sonrisita de reojo.

«El chaval, el chaval —decía entre sí—;
Meterle mano, que mejor gazapo
No ha regalado el líbano al *buchí* (4);
Vamos con él a quién es el más guapo.»
Y cuando vió que el mozo, hecho un zahorí,
Camina viento en popa a todo trapo,
Y aprende a hablar, y en ardimiento crece,
Y hacerse un hombre de provecho ofrece,

Fundó esperanzas el astuto viejo
Y comenzó a formarle a su manera,
Y le oye el joven con sagaz despejo
Y con más atención que conviniera;
A él y a nadie más pide consejo,
Sometida al talento su alma fiera,
Que en las cosas del mundo el viejo es ducho
Y el candoroso Adán le tiene en mucho.

Su observación profunda y su experiencia
Ha reducido a máximas la vida;
Es cada frase suya una sentencia,
Cada palabra una ilusión perdida;
Torpe y lento en hablar, vierte su ciencia
En truncados períodos sin medida,
Más en su gesto su intención marcada
Que en el valor de la palabra hablada.

Como entreabierta garra alza la mano,
Siempre de quite al frente el movimiento,
Y habla gruñendo como perro alano
Con ojos de través y sordo acento;
Sobre la frente el pelo rojicano,
La barba sobre el pecho, al mozo atento
Que su doctrina codicioso espera,
Una noche le habló de esta manera:

«Hijo mío, pocos años
Me quedan ya que matar,
Porque a mí me han de acabar
La *viuda* (5) o mis desengaños.

A ti mañana, a mí hoy;
Yo soy punta y tú eres mango;
Este mundo es un fandango:
Tú vienes y yo me voy.

Mira, de nadie te fíes,
Hijo Adán; vive en acecho:
Lo que guardes en tu pecho
Ni aun a ti mismo confíes.

La gente..., no hay un amigo:
Al que cae, la caridad...
De una buena voluntad
Tienes un falso testigo.

Si «mojas» (6) a alguno, cuida
De endiñarle al corazón...
No se olvida una intención
Y un beneficio se olvida.


Eres mozo, al mundo sales;
De los montes se hacen llanos;
Buena suerte y muchas manos,
Y callar y vengan males.


A malos trances, más bríos;
Como la mar es, en suma,
El mundo, pero, en su espuma
Se sustentan los navíos.


Las mujeres... la mejor
Es una *lumia* (7); en el suelo
El diablo no tiene anzuelo
Más seguro ni peor.


Ellas te chupan el jugo
Y te espantan los parnés (8);
Cuando carne comer crees,
Estás comiendo besugo.


El hombre aquí ha de enredar
Sin que le enrede el enredo;
Tú no te chupes el dedo,
Que no hay que pestañear.


Mala siembra, mala siega;
Nada me va, nada sé;
Quien más mira menos ve,
Y di la verdad, Juan Niega.


Esto es negro para ti,
Pero ya lo entenderás,

Y acaso te acordarás,
Cuando lo entiendas, de mí.»

Poco en verdad el candoroso mozo
De tan profundas máximas comprende
Con tal misterio y maleante embozo
Hablándole de un mundo que no entiende;
Y al través de su rústico rebozo,
Si el sentido tal vez sagaz trasciende
De alguna frase, en su confuso empeño
Cuanto adivina le parece un sueño.

Un mundo que una luz pura ilumina,
Que viste y cubre un tan hermoso cielo,
¿Mansión habrá de ser donde camina
El hombre siempre con mortal recelo?
¿Y será la mujer, creación divina,
Vida del alma y generoso anhelo,
Brillante de placer y de hermosura,
Enemiga también, también impura?...

¿Será del hombre el hombre el enemigo,
Y, en medio de los hombres solitario,
El su sola esperanza y solo amigo,
Verá en su hermano su mayor contrario?
¿Grillos, cadenas, hambre y desabrigo
Siempre serán el lúgubre sudario
Que vista, al entregarle a su abandono,
El hombre al hombre en su implacable encono?

¿Será tal vez, que en bandos dividida,
Lucha furiosa en obstinada guerra
La raza de los hombres fratricida
Alterando el reposo de la tierra?
¿Qué brazo audaz que justo se apellida
Contra su voluntad allí le encierra?
¿Quién llama criminal a aquella gente
A quien oye decir que es inocente?

Y él, que recuerda como en sueño apenas
De su vida el primer dulce momento,
¿Por qué a vivir en ásperas cadenas
Vino, y, cruel, con bárbaro tormento,
El hombre, de dolor las manos llenas,
En su inocencia lo arrojó violento,
Castigando con grillos y prisiones
El natural vigor de sus pasiones?


Estas y otras reflexiones rudas
Hierven en su ofuscada fantasía,
Como aparece entre las sombras mudas
Incierto rayo de la luz del día:
Turbio su juicio, amontonando dudas,
Sin fórmula vagando en la sombría
Nube de que su mente está cubierta,
Ni acierta a hablar ni a preguntar acierta.


Tosió entretanto su mentor, que arranca
Del pulmón a pedazos su catarro,
Y remoja la voz que se le atranca
Sorbiéndose de vino medio jarro;
De un negro torcidón como una tranca
Pica, lía y enciende su cigarro,
Chupa y empuja con la uña el fuego
Y en su discurso así prosiguió luego:


«¿Tú, qué has hecho? No has salido,
Chivato (9) del cascarón;
Sin razón o con razón,
A la sombra te han traído.


Es sino de criaturas:
No te gruñirá el barí (10);
A mí me tienen aquí
Un chota (11) y mis desventuras.

Se berreó (12) el maldecido,
Y dos señores muy llanos
Vinieron con cuatro alanos
A sorprenderme en mi nido.

Yo, como soy muy cortés,
Excusé su compañía,
Hasta que vi no podía
Ni por manos ni por pies.

No se llevaron mal chasco:
Seis pobretes..., la del humo...,
Que por ahí andan presumo;
Yo aquí a la sombra me rasco.

Por ellos me di a partido;
Dando largas ello irá,
Que no los traigan acá
Y nada se habrá perdido.

Tú, pobrecillo, reserva
Lo que ahora vas a saber:
Que en el mundo hay que aprender
A sentir crecer la hierba.

El que lo gana lo jama (13);
A buscársela, hijo mío,
A hacer tú mismo tu avío,
Que el que no llora no mama.

Y tú, para ti has de hacer;
Yo te pondré en buen camino:
Hijo, si tienes buen sino,
Pan te queda que roer.

Los seis pobretes... más plata
valen que ha dado el Perú;
Son muy gentes: verás tú
Seis meloncitos de cata.

Muy hombres, muy campechanos,
No porque yo los alabe,
Pero es cosa que se sabe,
Como las suyas no hay manos.

Saladilla te dirá
Lo que has de hacer. ¡Malos mengues (14);
Te lleven a ti y sus dengues,
Que tan derretida está!

Los seis pobretes reciben
También de este pobre viejo
De cuando en cuando un consejo,
Y, Adán, como pueden viven.

Yo bien te quisiera dar
Rentas y capellanía,
Pero el que no tiene usía
Se lo tiene que ganar.

El refrán dice, hijo Adán,
Que Dios es omnipotente,
Y el dinero es su teniente,
Y que sin el din no hay dan.

Conque salud, y andar vivo,
Que por tu bien tengo empeño,
Y adiós, que ya viene el sueño;
Cada mochuelo a su olivo.»

Quedóse Adán mientras espera el día
Rumiando las palabras del bandido;
Pasar el mundo en confusión veía
Con loca fiebre y delirante ruido.
Luego, en grata embriaguez su fantasía,
Embargándole el sueño su sentido,
La imagen en visión encantadora
Le trajo amor de la mujer que adora.

Grata visión que, venturosa, calma
Su loco enajenado pensamiento,
Que trae regalo y esperanza al alma,
Ignorado deleite y sentimiento.
En mitad del desierto umbrosa palma
Que templa su calor calenturiento,
Y a cuyo pie el viajero se reposa
En paz de amor y languidez sabrosa.

Visión en cuyos brazos descansando
Su oscura cárcel y ansiedad olvida,
En jardines de rosas respirando
El encantado aroma de la vida.
El alma allí, con movimiento blando
En el columpio mágico mecida
De su propia ilusión, cuenta un tesoro
De esperanzas sin fin, de ensueños de oro.

Alma joven y pura que suspende
En la región del aire un devaneo,
Y que en su propia luz la luz enciende
Y da forma y visión a su deseo.
La atmósfera tal vez ruda le ofende
Del ignorado mundo y su mareo;
Mas si siente sus puntas dolorida
Su propia juventud cura su herida.

Que hay en el alma, cuando nueva agita
Sus áureas alas, una fuente pura,
Que alegre riega la ilusión marchita
Y renueva su fuerza y su hermosura.
Bebiendo de ella el corazón palpita
Hasta que al fin secándose la apura,
Y en vez de la ilusión se alza la pena
Que el manantial purísimo envenena.

Así en la propia alma su consuelo
Halla el mancebo, y de la pura fuente
Con las aguas de vida su desvelo
Templa, y el sueño perezoso siente.

Y luego en alas de su propio anhelo
De la amada mujer, cruza en su mente
La blanca imagen que, por más delicia,
Amorosa le besa y le acaricia.

Brilló entretanto, si decirse puede
Que brilla en una cárcel nunca el día,
Donde a su luz la sombra nunca cede
Ni un rayo el sol al corazón envía;
Donde la tregua que al dolor concede
Un breve sueño con crueldad impía
Rompe la aurora, y vuelve a su faena
El cautivo amarrado a su cadena;

Donde las horas hilan su tejido
Sin enredar tal vez una esperanza,
Y el tiempo al parecer pasa dormido
Sin señales de alivio ni mudanza;
Donde tal vez el término cumplido
Que la ilusión del desdichado alcanza
Es en su ruda, inexorable suerte
En un suplicio una penosa muerte;

Donde..., pero también el hombre olvida
Allí su pena en su locura insana,
Ríe, y canta, y devánase su vida
Que entre el ayer se enreda y el mañana.
La llaga del dolor adormecida
Templa un olvido, una esperanza vana,
Que es el presente lago alborotado
Do el porvenir se enturbia y lo pasado.

La causa en tanto en un rincón dormía,
Sin cuidarse de Adán el escribano,
Y un año largo de prisión corría,
Y nadie de él se acuerda: y un verano
Y otro pasara, y ciento, y pasaría
Un siglo entero, y mil, y todo en vano;

Situación en las cárceles no extraña,
Gracias al modo de enjuiciar de España.

  Cuando la hermosa que al mancebo adora,
Quién sabe cómo, acaso malamente,
Logró, de la pereza vencedora,
Del juez que diese a Adán por inocente.
Vista la causa en fin, llegó la hora
De darle libertad, y delincuente
No pudiéndole hallar, le sentenciaron
Las costas a pagar que otros causaron.

  Las costas, pues, con otras bagatelas
Pagó de sus ahorros la Salada,
Cálzase el escribano las espuelas,
La causa aviva, y la dejó *zanjada*.
¡Oh, cuánto, amor, el corazón desvelas
De una hermosa mujer enamorada!
¡Cómo voló a la cárcel aquel día
Rebosando la nueva en su alegría!

  Párase ante la cárcel, precipita
Acá y allá agitada sus paseos,
Frenético su espíritu se agita,
Sueña su alma amantes devaneos;
Un siglo en su ansiedad loca, infinita,
Cuentan cada minuto sus deseos,
Allí esperando a que el escriba venga
Y oír gritar: «Adán con lo que tenga» (15).

  Llegó por fin el anhelado instante,
Corrió a la reja la feliz manola:
Toda turbada látele el semblante,
Que amor con mil colores arrebola,
Y trémula la mano, y anhelante
Con un ansia no más y una idea sola,
Entre la verja entrándola la agita
Y con un gesto y con la voz le grita.

Y como tigre que acechando hambriento
Tal vez descubre presa en la llanura,
Y, en arco el cuerpo, arrójase violento,
Salta y entre sus garras la asegura,
No con ansia menor al dulce acento
Que entrando hasta en sus tuétanos murmura,
El mozo corre adonde ve a su bella
Que al través de la reja se atropella.

¡Oh del primer amor dulces escenas
Que presencia risueño un escribano,
Palomas inocentes de amor llenas
Que se huelgan delante del milano!
Romped, en fin, romped esas cadenas
Con que el destino os separó tirano,
Y otras os teja de amorosas flores
El buen Dios protector de los amores.

Abrazó Adán al redomado viejo,
Honrado padre de su amada prenda,
El cual, frunciendo el rígido entrecejo,
Le apartó donde nadie los entienda;
Y a solas repitiéndole el consejo
De la noche anterior, le recomienda
Prudencia y tino y ánimo en la vida,
Y le abraza otra vez por despedida.

¡Cuánto júbilo al alma y alborozo,
Cuánto loco placer, cuánta alegría
Sintió alterado el indomable mozo,
Libre al mirarse y a la luz del día!
Las arterias palpítanle de gozo,
Baña la luz su audaz fisonomía,
Y de contento el corazón deshecho
Suena a sus golpes conmovido el pecho.

Y ella veloz, con su ademán de maja,
Su planta firme y su gentil soltura,

La calle al lado de su amante baja
Llamando la atención su donosura;
Y ambos en medio a la común baraja
De gentes que atraviesan con presura,
Y que a su garbo y gentileza atienden,
Ojos a un tiempo y corazón suspenden.

Y él al mirarse al lado de su bella
Y al tocarla tal vez, su tacto es fuego:
Fuego que lanza vívida centella
Que el alma y corazón penetra luego;
Páranle a un tiempo su ignorancia y ella,
Que contiene su ardor con blando ruego,
Y acaso su ardimiento también doma
Cuando recuerda la pasada broma.

Que ha comprendido Adán que aquella gente
Que él con recelo y cuidadoso mira,
Es acaso la misma que, inclemente,
Piedras y lodo al inocente tira;
Y cual furioso loco va impaciente
Junto al loquero que temor le inspira,
Así, la rienda puesta a sus arrojos,
Gira enredor sus recelosos ojos.

Un pobre cuarto bajo en una casa
Pobre, la moza en Avapiés habita,
De baja planta y de fachada escasa,
Limpia por dentro y de esmerada cuita;
La llave con incierta mano para,
Y el mancebo feliz se precipita
Tras ella en la mansión que amor ahora
Con tintas mil de su ilusión colora.

Tintas que bañan en su lumbre pura
La pobre estancia con celeste encanto,
Vertiendo en torno aromas de dulzura
Que amor derrama de su aéreo manto;

Morada acaso triste, acaso impura,
Mas de la dicha ahora templo santo,
Convertido en Edén de ricas flores
Al soplo germinal de los amores.

Que solo allí con la mujer que adora,
Cuya hemosura la mansión encanta,
Bastan apenas al mancebo ahora
Los ojos a admirar belleza tanta
Y el fuego, que frenético atesora
El corazón y su vigor levanta
Y su inquietud redobla fulminante,
En ráfagas de luz brota al semblante.

Y entre sus manos trémula su mano,
Sus labios devorándose encendidos,
Al rudo impulso y al furor tirano
De sus tirantes nervios sacudidos,
El, ignorante en su delirio insano,
Respondiendo latidos a latidos,
Al corazón la aprieta, el juicio pierde,
La besa hambriento y con placer la muerde.

Y una nube quimérica ya vela
Sus sentidos, y vaga y vaporosa
Placer, deleites y delirios cela
Y confunde su dicha vagarosa,
Y la hermosura disipada vuela
De la mujer, que espárcese amorosa,
Y donde quiera él gusta, toca y mira,
Dicha, hermosura e ilusión respira.

Aire que con riquísimos olores
Baña su negra cabellera riza;
Luz vagarosa y blanda que de amores
En los húmedos ojos se desliza;
Voluptuosa niebla de colores,
Que un deliquio dulcísimo matiza,

Los cerca en derredor, embebecidos
En su lánguida magia los sentidos.


Amor encuentra en su sabrosa boca,
Y en sus ojos de amor amor respira;
Afán de amores en su frente loca
Latir contempla si a su hermosa mira;
Furor ardiente que el amor provoca
El en su aliento abrasador aspira,
Y ella a su furia y su pasión demente
Doblar su amor al estrecharle siente.


Y amor en voluptad se desvanece
Y va a perderse en el remoto cielo,
Que hasta allí disipándose parece
Que elevan sus espíritus su vuelo,
Y el aura del deleite que las mece
Y confunde sus almas, en un velo
Cubriéndolas de gloria y de ventura,
Allá las alza en sueños de dulzura.


Sueños que en torno en formas nacaradas
Vagos acá y allá revolotean,
Y en las venas latiendo arrebatadas
Entre la sangre trémulos serpean;
En los rígidos nervios desplegadas
Sus alas placidísimas ondean,
Sobre la frente bulle su armonía
Y ofuscan con su luz la fantasía.


Genios de amor, deidades de hermosura,
Don de la juventud, nuevas creaciones
Que en el primer placer el alma pura
Llueve desde su cielo de ilusiones;
Inmenso amor, riquísima ventura
Que ignoran los mortales corazones,
Que el varonil vigor aún no han sentido
Y está el candor de su niñez perdido.

¡Oh! A su inocencia, a su infantil pureza,
La fuerza juvenil junta el mancebo,
Nueva a sus ojos es tanta belleza,
Nuevas sus ansias y su goce nuevo;
Antes que la ilusión en su cabeza
Seque el deseo con picante cebo,
Dicha, ilusión, amores y delicias
Se atropellan en él con sus caricias.

Y allí, en tropel, cual vierte su rocío
En las mañanas del abril la aurora
Sobre las verdes ramas del sombrío
Y en las pintadas flores que enamora,
Al alma y cuerpo con amante brío
La turba de placeres voladora,
Que en torno en algazara se levantan,
En círculos de júbilo la encantan.

Olas que van y vienen en su mente
Son sus alborotados pensamientos,
Confusos todos en tumulto ardiente,
Brotando el corazón sus sentimientos,
Y al armonioso estrépito latente,
Absortos los sentidos, los violentos
Impulsos del amor muestran pasmados
En éxtasis de gozo arrebatados.

¡Oh! ¡Cómo vibra y en acorde canto
El alma de ella al alma de su amante!
¡Oh! ¡Cómo tanto amor, delirio tanto
Se retrata en su célico semblante!
¡Oh! ¡Cuál le presta su ignorado encanto
Su espíritu a su espíritu flotante,
Como el arco del músico se agita
Cuando violenta inspiración le excita!

Que como cuando arrebatado azota
Al muelle mar el huracán violento,

Las apiñadas olas que alborota
A merced van del combatido viento,
Así en la llama eléctrica que brota
El alma en cada nuevo sentimiento,
Envuelta el alma ajena y sacudida
Vaga a merced de la pasión perdida.

Y ahora que así las almas considero
Prestándose placer, gloria y ternura,
Pararme un punto y lastimarme quiero
De mi propio disgusto y desventura,
Que ya gastado de mi ardor primero
El tesoro riquísimo se apura,
Y en mi amargo dolor continuo lloro
Perdido malamente aquel tesoro.

Aunque, por otra parte, me consuela
No tener ya que ir como iba un día
A escape con el alma y dando espuela
Al alma que en mi curso antecogía;
Ni soñada esperanza me desvela,
Ni doy crédito ya a mi fantasía,
Y si de amor no late el pecho mío
También, en cambio, a mi placer me hastío.

¡Oh! ¡Bendita mil veces la experiencia
Y benditos también los desengaños!
Piérdese en ilusión, gánase en ciencia;
Gastas la juventud, maduras años.
Tanta profundidad, tanta sentencia,
Tantos remedios contra tantos daños,
¿A qué los debes, mundo, en tanta copia.
Sino a la edad y a la experiencia propia?

¿Y habrá tal vez alguno que sostenga
Que no vale la ciencia para nada?
¿Y habrá menguado que a probar nos venga
Que está la dicha en la ilusión cifrada?

¿Pues hay cosa que más nos entretenga
Que medir de los astros la jornada
Y saber que la luna es cuerpo oscuro
Y aire ese cielo al parecer tan puro?

Viva la ciencia, viva, y si en el mundo
Perdiste ya del alma la energía
Y en ella guardas con dolor profundo
Algún recuerdo de un dichoso día,
Con viva aplicación, meditabundo,
Engólfate en los libros a porfía,
Que aunque ellos nunca calmarán tu pena,
Al menos te dirán qué es luna llena.

Y entretanto vosotros, los que ahora
Pinté embriagados de placer y amores,
Gozad en tanto vuestras almas dora
La primera ilusión con sus colores;
Gozad, que os brinda la primera aurora
Con el jardín de sus primeras flores;
Coged de amor las rosas y azucenas
De granos de oro y de perfumes llenas.

Y sed vosotros isla de verdura
Donde repose yo, cansado y yerto,
Del sol que ennegreció mi frente pura
Y del árido viento del desierto;
Idea de suavísima dulzura
Vosotros sed, do el pensamiento incierto
Fije su vuelo, y vuestro aroma blando
Venga a mi corazón su afán templando.

## Canto V

### Cuadro I

*(Interior de una taberna en el Avapiés)*

*En un rincón, junto a una mesa, Adán con la Salada; ella contemplándole con recelosa curiosidad, él distraído; grupo de majos a un lado; grupo de manolos y manolas que danzan. Un hombre con traje mitad seglar, mitad eclesiástico, flaco, ruin de estatura, chato, lampiño, y el pellejo arrugado, pelo pobre y rojizo, chisgaravís repugnante, toca la guitarra. Su edad, cuarenta años (16).*


UN MANOLO
Buen ánimo, padre cura,
Vamos, otra seguidilla.

PRIMERA MANOLA
¡Qué seria está Saladilla!

SEGUNDA MANOLA
Chica, por poco se apura.

PRIMERA MANOLA (*al* CURA)
Diga usted, cara de fuelle,
¿No canta usted?

EL CURA
(*Con ademán salado que le sienta muy mal*)
¡Salerosa!

PRIMERA MANOLA
¡Viva la gracia!

SEGUNDA MANOLA
Mohosa,
Mala mano te desuelle.

EL CURA (*Apurando el vaso*)
¡Sangre de Cristo! Al avío.

SEGUNDA MANOLA
Vamos, pues, toque usté aprisa.

EL CURA
Consumé: siga la misa,
Y ayúdamela, hijo mío.

(*A un mozalbete que alternará con él cantando*)

(*Mientras rasga la guitarra, desaparece la fisonomía del cura escuerzo entre millares de innobles gestos*)
No hay religión más santa (*Canta*)
Que la de Cristo
Que señala a los moros
Como enemigos.
Guerra a los cueros,
Porque matando moros
Se gana el cielo.

(*Danzan*)

# El diablo mundo

SALADA
¿Estás triste, dueño mío?
¿No respondes?

ADAN (*distraído*)
          No sé, siento
Una ansiedad, un tormento.

SALADA
Me matas con tu desvío;
Mira, Adán, me miro en ti
Como en Dios: ¿qué mal te oprime?
Por Dios, Adán; por Dios, dime
Que también me amas así.

ADAN (*con frialdad*)
Sí, te amo.

SALADA (*con ternura*)
      ¿No es verdad?
Yo con locura. ¿Suspiras?
¿No respondes? ¿No me miras?

(ADAN *recorre con los dedos la mesa, y los ojos bajos, profundamente pensativo; ella, con zozobra, le mira fijamente, y los ojos húmedos de lágrimas. Sigue la danza.*)

PRIMERA MANOLA (*con desgarro*)
¡Jalea de Navidad!
¿Quién me la compra?

SEGUNDA MANOLA
(*Señalando a* ADAN *y a la* SALADA)
          ¡Qué par!
¡La romántica! Ya llora.
Traigan agua a la señora,
Porque se va a desmayar.

EL CURA (*canta*)
La mujer y las flores
Son parecidas;
Mucha gala a los ojos
Y al tacto espinas,
Y yo, que tengo
El corazón herido,
Nunca escarmiento.

(*Corro de guapos*)

PRIMER GUAPO
¿Conque es aquél?
(*Señalando a* ADAN *con el gesto*)

SEGUNDO GUAPO
     Aquél es.

TERCER GUAPO
Un trago, que pase el miedo.

SEGUNDO GUAPO
Señor Matorrales, quedo,
Que es muy hombre.

TERCER GUAPO
     ¿Por los pies?

SEGUNDO GUAPO
Y por las manos.

PRIMER GUAPO
     Amigo,
Dice el refrán que su silla
Pierde el que se va a Sevilla.

SEGUNDO GUAPO
Y es natural.

# El diablo mundo

**TERCER GUAPO**
                    Pues yo digo
Que la cortaré la cara.

   *(Manolos bailando)*

**PRIMER MANOLO**
Coja usted tierra, salero.

**SEGUNDA MANOLA**
Estoy por decir no quiero.

**EL CURA** (*mirando de reojo a los majos*)
Buena danza se prepara.
                    *(Canta)*

Tienes una boquirris
Tan chiquitirris,
Yo me la comeriba
Con tomatirris.

**EL CHICO** (*canta*)
Y en tus ojillos,
¡Ay!, se me baila el alma
Que me derrito.

**PRIMER GUAPO**
¿No te ha conocido?

**TERCER GUAPO**
                    No.
Está ella muy distraída.

**SEGUNDO GUAPO**
Quien bien quiso tarde olvida.

**TERCER GUAPO**
Pues ella pronto olvidó.

TABERNERO
Una azumbre se me debe.

TERCER GUAPO
Eche usted otra, que quiero
Que el mozo aquel tan salero
Y aquella niña lo pruebe.

ADAN (*A la* SALADA)
¡Me ahogo! Siento un deseo,
Salada, no sé de qué:
Un afán...

SALADA
              Yo sí lo sé;
No me quieres; bien lo veo.

ADAN
¿Vistes aquel pez dorado
Que en tu casa en un fanal,
Breve lago de cristal,
Da vueltas aprisionado,
Y en la ventana al sol mira
Tejiendo en torno colores,
Y en las macetas las flores
Donde la brisa suspira:
Y ya escucha su rumor
Que le encanta, y le suspende
Ya la llama que se enciende,
Ya la beldad de la flor;
Y en su cárcel cristalina
Nada con más ligereza
Por gozar de la belleza
Que los ojos le fascina?
Pues así yo, dueño mío,
La tierra, la luz, el cielo,
Disfrutar con loco anhelo,
Y sin saber cómo, ansío.

## SALADA

Mira, si tú, vida mía,
Me amaras como yo a ti,
Todo eso hallaras en mí
Y tu ansiedad calmaría.
Yo que tu amor sólo anhelo,
Para templar mis enojos,
Busco mi luz en tus ojos,
Hallo en tu frente mi cielo;
Y estando a tu lado, Adán,
Ni ese sol ni el cielo veo,
Que eres todo mi deseo
Y eres tú todo mi afán.
Decir ternuras ignoro,
Ruda y salvaje nací,
No sé qué pasa por mí
Ni tampoco por qué lloro;
Fuego en mi amargo dolor,
Fuego de Dios en mi estrella,
Que no me formó más bella
Para aumentarte tu amor.
Mal haya, mal haya amén
Cuando te vi, ¿y quién te viera
Que al mirarte no aprendiera
Al momento a querer bien?

## ADAN

¿Ves tú cuando tornasola
Los cielos la luz del día,
Y huye la noche sombría,
Y en tintas mil arrebola
La aurora el blanco celaje,
Y cantan a la alborada
Las aves en la enramada
Luciendo el vario plumaje?
Más placer, más luz, más vida,

Más amor vierte a torrentes
Ese estrépito de gentes
Que en multitud confundida
Ayer vi cuando a tu lado,
Con tanto afán, tanto gozo,
Tanta gala y alborozo,
Bajaban tantos al Prado.
Adornos tan relucientes,
Ricos trajes y colores,
Coches, caballos, primores,
Y gustos tan diferentes;
Y el lujo y la gentileza
De aquellos tan altaneros
Que llamas tú caballeros
Y damas de la nobleza;
¿Cómo pueden no admirar
Al que siquiera los mire?
¿Quién habrá que no suspire
Por su grandeza igualar.


SALADA

¿Quién mejor que tú entre ellos?
Por el mejor de más brío
No trocara yo, Adán mío,
Un rizo de tus cabellos.


ADAN

O estoy loco, ¡vive Dios!
O no me entiendes, Salada.

TERCER GUAPO

(*Se acerca al primero con el jarro de vino*)
Ve y dales la cambiada
Y brinda tú por los dos.
   (*Quedan en observación, en el rincón opuesto, los dos guapos*)

# El diablo mundo

PRIMER GUAPO (*a* ADAN *y la* SALADA)
Dios bendiga lo que cría
Bueno y lo estoy yo mirando.

LA SALADA *(con desgarro)*
Vaya un don Necio.

PRIMER GUAPO
           Estimando.
Mi alma, más cortesía.
Mocito, un sorbo siquiera.

                        *(A* ADAN*)*

   (ADAN, *sin mirarle, continúa distraído*)

SIGUE EL PRIMER GUAPO
¿Y usted, niña?

SALADA
           Me hace mal
La espuma.

PRIMER GUAPO
         ¡Viva la sal!

   *(Acercándose al oído de ella)*

¿Está el gaché de quimera?

SALADA
¿Sabe usted los mandamientos?
Pues el quinto no moler.

PRIMER GUAPO
Se me olvidan sin querer
A veces.

TERCER GUAPO
*(Al segundo en acecho, desde el rincón
                    opuesto)*

      Bebo los vientos
De pura cólera.

SEGUNDO GUAPO
          El majo
De monos sin duda está.

PRIMERA MANOLA *(corro de baile)*
¡Un soponcio, que me da!

PRIMER MANOLO
¡Viva ese desparpajo!

EL CURA *(canta)*
Nunca mató a los hombres
La pena negra.
Desventuras y males
Y penas vengan:
¡Ay!, las mujeres
A los hombres mejores
Les dan la muerte.

PRIMER GUAPO *(a ADAN)*
Mocito, ¿usted ha perdido
El habla?

SALADA
      Vaya un moscón.

ADAN
No gasto conversación.

PRIMER GUAPO
¿Se da usted por ofendido?
Pues lo siento.

ADAN *(con calma)*
>Se acabó.

SALADA
¿Lo quiere usted claro?

PRIMER GUAPO
>Sí.

SALADA
Que está usted de más aquí.

PRIMER GUAPO
*(Se rasca con sorna y meneos truhanescos)*
No entiendo indirectas yo.

TERCER GUAPO *(al segundo)*
El demonio me retienta,
Compañero.

>*(Continúa en acecho)*

SEGUNDO GUAPO
>Críe usted pecho.

TERCER GUAPO
¡Tengo una sangre!

SEGUNDO GUAPO
>El despecho.

TERCER GUAPO
Y la indina que lo aumenta.

*(Corro de baile)*

PRIMERA MANOLA
Pae cura, usté se enronquece.

SEGUNDA MANOLA
Hija, dale un caramelo.

EL CURA
De verte a ti me amartelo,
Pichona.

SEGUNDA MANOLA
    Me lo parece.

EL CURA *(canta)*
Arrecógete y brinca,
Menéate y salta,
Porque tanto meneo
Me lleva el alma.

EL CHICO *(canta)*
¡Jesús, qué liga!
Y es lo bueno que nunca
Miente la pinta.

SALADA
¿Con que no?

PRIMER GUAPO
    Pues por supuesto.

*(ADAN se levanta y lo coge con fuerza del brazo)*

ADAN
Buen amigo, basta ya.

*(Le separa, sujetándole sin trabajo, y vuelve a sentarse)*

PRIMER GUAPO *(echa mano a la navaja)*
Un demonio bastará,
Que el brazo me ha descompuesto.

TERCER GUAPO

    *(Al segundo, echándose ya en medio)*

Compañero, me perdí.

SEGUNDO GUAPO *(siguiéndole)*
Ya se armó.

TERCER GUAPO

    *(Desembozándose y presentándose a la
            SALADA)*

       Mala carcoma,
Di, ¿me conoces? Pues toma.
    *(Le tira una navajada a la cara, que no le da)*

SALADA
Esas se dan siempre así.
    *(Le entra el cuchillo junto al corazón)*

TERCER GUAPO
¡La unción! ¡Favor! ¡Me han herido!

TABERNERO
¡En mi casa!

EL CURA
       Las lió.

    *(Tira la guitarra y sale a escape)*

    *(Huyen todos precipitadamente, coge a* ADAN
    *la* SALADA *del brazo, y salen juntos por la
    puerta de la trastienda)*

ADAN
¿Qué has hecho tú?

**SALADA**

                ¿Qué sé yo?
Corre pronto.

**TABERNERO**

            Me han perdido.

*(Gente, justicia que acude, etc.)*

Fin del cuadro


  Tú el espíritu, amor, tú eres la vida
De la mujer que en tu ilusión se ceba,
Y halla en ti sólo su ansiedad cumplida
La que tu dardo penetrante prueba;
El viento en remolinos sacudida
Acá y allá inconstante el alma lleva
Del hombre, y pasajero devaneo
Eres no más de su primer deseo.

  Inmenso mar que brinda al navegante
Con mansas olas y sereno viento
Y una playa riquísima y distante
Que ilumina a su gusto el pensamiento,
Y una luz que se pierde rutilante
Y brilla con inquieto movimiento.
Glorias, tesoros, la esperanza ofrece
A su ambición que en su delirio crece.

  ¡Cuánto en la juventud la vida es bella!
Con música regala nuestro oído,
Los ojos guía reluciente estrella,
Brinda la flor aromas al sentido;
Lánzase el hombre con ardor tras ella,
Como al dejar el águila su nido,
Buscando al sol, y con seguro vuelo
Volando a hallarle en el remoto cielo.

¿Quién parará su rápida carrera?
¿Quién pondrá coto a su afanar ardiente?
Corre campo a buscar como la fiera
Que se lanza en el circo de repente;
Arrebata tal vez en su primera
Locura al que se opuso, indiferente
Lo abandona después. ¡Ay! ¡Desdichada
La mujer que se oponga a su pasada!

Flor que arrebata de su tallo el viento,
La roba enamorado y se la lleva,
Bésala y acaríciala violento
Con nuevo ardor y con locura nueva,
Bebe su aroma de su olor sediento,
Y las hojas la arranca; en ella ceba
Su amoroso furor, y al fin la arroja
Cuando, marchita y sin olor, le enoja.

Y sigue, y allá va, y allá se lanza,
Y allá acomete, la región buscando,
Que la imaginación apena alcanza
A pintarse, su vuelo remontando;
Y él allá va, y ardiente se abalanza,
Cayendo y despeñado, y tropezando,
A merced de su propia fantasía,
Tras la engañosa estrella que le guía.

Cuadro II

*Escena primera*

HABITACION DE LA SALADA

ADAN *y la* SALADA

SALADA *(acariciándole)*
Gachón mío, di, ¿no das
Un beso a tu pobre amante?

**ADAN**
¿Por qué has herido a aquel hombre?

**SALADA**
¿Por qué? Porque yo a mi padre
Le he oído decir que aquel gana
El pleito que pega antes

**ADAN**
No sé por qué no me gusta
Ver esas manos con sangre.
¡Son tan lindas! Llevar flores
Mejor que un puñal les cae.

**SALADA**
Bien puede ser, y si quieres,
Tan sólo por agradarte,
Nunca cogeré un cuchillo,
Y aun dejaré que me maten.

*(Con gachonería)*

**ADAN**
¡Qué hermosa es!

*(Le da un beso)*

*(La* SALADA *juega con sus rizos)*

**SALADA**
¡Cómo en ondas
Los negros rizos le caen!
Quisiera tener millones
De almas para adorarte,
Y en cada cabello tuyo
Enredar una. ¡No sabes
Cómo te amo, Adán mío!
Y en esos ojos que arden,

# El diablo mundo

Quisiera ser mariposa
Para en su luz abrasarme.
Echate, Adán, en mi falda,
Así. ¿Estás bien? ¡Cuál te late
El corazón! ¿No es verdad
Que es sólo mío? ¡Ah!, dame
Otro beso; mas ¿qué tienes?
¿No me escuchas?

ADAN *(entre sí)*

              ¿Por qué nacen
Pobres como yo los unos,
Y nacen los otros grandes?

SALADA
¿Qué murmuras?

ADAN
              Tú, que has visto
Esos ricos tan galanes,
Que en poderosos caballos,
Con jaeces tan brillantes,
Galopan, o reclinados
En magníficos carruajes,
Parece que se desdeñan
En su soberbia insultante
De mirar a los que cruzan
A pie como yo las calles;
Tú, en fin, que el mundo, aunque en vano
Quisiste ayer explicarme;
Mundo que en mil confusiones
Más me enreda a cada instante,
Dime, ¿esas damas tan bellas,
Con esos garbos y trajes,
Viven así? Dime, ¿hablan
Como nosotros? ¿Qué hacen?

SALADA *(con gesto desabrido)*
Dueño mío, somos hijas
Toditas de un mismo padre,
Y la mejor es tan buena
Como yo, y ¡gracias!...

ADAN
                      Me hablaste
De eso de un padre común
También ayer.

SALADA
             Son de carne
Y hueso como tú y yo.

ADAN
Es inútil que me canse:
Ni yo te acierto a entender,
Ni tú aciertas a explicarte.
Pero dime, ¿cuáles son
Sus diversiones, sus bailes,
Su vida, sus alegrías,
Sus casas? ¿Cómo se hace
Para juntarse con ellos,
Con ellos vivir, hablarles,
Y en lujo, poder y galas
A su grandeza igualarse?

SALADA
¿Te acuerdas, Adán, del pez
Dorado, que entre cristales
Gira admirando del sol
Los rayos en que se parte,
Y oyendo el rumor del aura
Entre las flores suave,
Embebecido en su música
Ansía quebrantar su cárcel
Por gozar de la armonía
De luces, flores y aires?

Pues, pobre pez si cumpliera
Su voluntad, que al hallarse
En otro ajeno elemento
Del elemento en que nace,
Céfiros, luces y flores
Le dieran muerte al instante.
Sueños son ésos, Adán,
Los que tu mente distraen,
Aire que anhelas coger,
Porque los sueños son aire:
Entre esas gentes altivas
Quien más de nosotros vale
No alcanza sino desprecios
En premio de su donaire.
Nuestros enemigos son,
Y el modo de ser iguales,
Es en la misma moneda
En que nos pagan pagarles.
Y piensa..., pero no quiero
Pensar en ello, ni caben
Pensamientos de otro amor
En tu corazón de ángel;
Pero... si acaso esas damas...,

*(Con ira celosa)*

Las de las blondas y encajes...,
Tal vez..., si tú en tu delirio
De mí olvidado... no sabes,
Adán, de lo que es capaz
Una mujer por vengarse;
Pero no, no; no es verdad:
Tu amor es mío. Adán, dame
Mil besos, uno tan sólo
Que mis inquietudes calme.

ADAN
Puede ser; pero ¿por qué
Riquezas que son palpables,
Galas que miran mis ojos,

No han de estar nunca a mi alcance?
Tanta ansiedad me fatiga,
Mil pensamientos combaten
Dentro de mí, pasan, huyen...
Un beso, mi bien.

*(Le besa la SALADA con amor)*

    Regale
Tu boca mi corazón;
Y entre tus brazos descanse
De tanto afán.

*(Se duerme)*

*(La SALADA le contempla dormido
con ternura íntima, y le hace aire
con un abanico, mientras le guar-
da el sueño. Besa de cuando en
cuando la frente hermosa y serena
de ADAN y le separa los rizos que
el aire suele traer a vagar sobre
ella)*

SALADA
    Se ha dormido.
¡Qué hermoso es! ¡Qué suaves
Sobre sus cerrados ojos
Las negras pestañas caen!
¡Cómo respira! No hay flores
Que tan rico olor exhalen
Como para mí su boca.
¡Cómo en su frente se esparce
Tanta belleza, reunida
A tan varonil y grave
Majestad! ¡Qué diferente
De los otros hombres! ¡Nadie
Más feliz que yo!... ¡Amor mío!

¡Ah! ¡Déjame que te ame
Toda mi vida, y me muera,
Mi bien, así, contemplándote!
Pero ¿por qué esta zozobra
Con que el corazón me late?
¿Por qué de súbito siento
Ira y locura, y matarle
A veces cuando le miro,
Quisiera, y luego matarme
A mí también? ¿Porque sea
Mío sólo? ¿Quién robarme
Mi dicha y su amor intenta?
El es mío, no ama a nadie,
Ni puede amar sino a mí:
A mí sola, a mí; ¿y quién sabe
Si siempre así me amará?
¡Oh! ¡El corazón se me parte
De sólo dudarlo! Entonces...
¡Triste la que me arrebate
Su corazón! ¡Oh! ¡Morir
Sólo me queda en tal trance!
¡Matarle y morir, y luego
Idolatrar su cadáver!
¿Y qué mujer de mis brazos
Será capaz de robarte,
Adán mío?

*(Con ternura)*

¡Cómo suda!

*(Le enjuga la frente con un pañuelo blanco)*

¡Oh! Sean mis manos cárcel
De ese corazón que es mío;
Que no me lo robe nadie.

*(Le pone ambas manos sobre el pecho, como
para aprisionarle el corazón)*

¡Oh! Deshojad sobre su frente flores
Del noble mozo en su primer mañana,
Guardad su sueño, amores,
Mimad conmigo su beldad temprana,
Dejadme en mi alegría
Cuidar yo sola de la flor que es mía.

ADAN *(despierta)*
¡Qué calor! ¿Dónde estoy?

SALADA
      Aquí, bien mío,
¿No me ves? A mi lado.

ADAN
     ¡Oh! sí, soñaba:
Pero un sueño tan dulce, un desvarío
Tan alegre, que el alma me robaba.

SALADA

*(Reconviniéndole dulcemente)*

No hay sueño alguno, por feliz que sea,
Que yo no cambie por mirar tus ojos,
Y tú el sueño al dejar que te recrea,
Viéndome al despertar sientes enojos.

ADAN
Era un sueño... Sabrás, hermosa mía,
Que era una tarde en el florido abril,
Cuando viste del campo la alegría
Hojas al bosque, flores al jardín.

Vagaba solo yo por la ribera
Del Manzanares; lo que fue de ti
No sé, Salada mía, ni siquiera
Cómo yo solo me encontra allí.

# El diablo mundo

Cuando de pronto a la azulada cumbre
De un monte lejos me sentí volar,
Y un hilo suelto al aire en viva lumbre
Vi ante mis ojos fúlgido ondear.

Yo asido al hilo trepo a la montaña.
¡Oh! ¡Cuánto entonces a mis plantas vi!
¡Cuántos acentos y algazara extraña
Alzarse alegre de repente oí!

Haciendo generosa gentileza,
Cien caballeros rápidos pasar
Agiles vi, domando la fiereza
De sus caballos que al galope van.

Y entre la luz de remolinos de oro
Que deslumbran los ojos como el sol,
Mujeres, de beldad rico tesoro,
Brindando glorias y vertiendo amor.

Y danzas, juegos, y algazara y vida,
Magnífico tropel y movimiento,
Riqueza abandonada y esparcida
Cuanta puede crear el pensamiento.

Y yo también con ellos me juntaba,
Y con oro y con trajes de colores
Ya cual aquella gente me adornaba,
Y era también señor entre señores.
Y también mis caballos a mi brío...

**SALADA**
¡Y ni un recuerdo para mí entretanto,
Ni un recuerdo guardabas, Adán mío,
A esta pobre mujer que te ama tanto!

**ADAN**
Y en un caballo con la crin tendida,
La cola suelta, vagarosa al viento,

Y la abierta nariz de fuego henchida,
En alas iba yo de mi contento.

Y zanjas, montes, valles y espesuras,
Y ramblas y torrentes traspasaba,
Y otros montes después, y otras llanuras,
Y nunca fin a mi carrera hallaba.

Y siguiendo a mi loca fantasía,
Jinete alborozado en mi bridón,
Latiendo de entusiasmo y de alegría,
Mi anhelo redoblaba su furor.

Mi frente sudorosa palpitando,
Azotaba mi rostro el huracán,
Mis ojos fuego en su inquietud lanzando,
Campo adelante devorando van.

¡Oh! ¡Qué placer! En medio al torbellino,
Oír el trueno y rebramar el viento,
Siguiendo en polvoroso remolino
El ímpetu veloz del pensamiento.

Y en incesante vértigo y locura,
Desvanecida en confusión la mente,
¡Cuánto el deseo y la ilusión figura
Arrojarse a alcanzarlo de repente!

¡Oh! Yo entendía voces y cantares,
Y vi mujeres ante mí volar,
Y atrás quedaban gentes a millares,
Y encontraba otras gentes más allá.

¡Oh! Si me amas, si tu amor es cierto,
Llévame al punto donde yo soñé:
¡Un caballo! ¡Un caballo! ¡Campo abierto!
Y déjame frenético correr.

Viento que en torno de mi frente brame,
Rayos que sienta sobre mí tronar,
Triunfos, y glorias, y riqueza dame
Que derramen mis manos sin cesar.

**SALADA**
¡Oh! ¡Adán! ¡Adán! ¡Tu corazón no es mío!
¡Oh! Tu ambicioso corazón delira,
¡Ay, que me lo robó tu desvarío,
Y por sólo mi amor ya no suspira!

Pobre mujer, ¿qué puedo yo ofrecerte,
Ni qué te puedo en mi desdicha dar?
Ten compasión de mí, dame la muerte,
¡Oh! No me dejes sin tu amor llorar.

¡Ah! Dime: ¿Dónde, dónde yo podría
Hallar esas venturas para ti?
¿Dónde? Mas, ¡ah!, que la desdicha mía
En mi impotencia me arrojó a morir.

Jamás, jamás, Adán, nunca hasta ahora
Mi bajeza en el mundo he conocido,
Mi corazón que desgarrado llora
Tan amargo dolor nunca ha sentido.

¡Oh! ¿Qué me da mi condición villana?
Despreciable mujer, juguete vil,
Arrojada en el mundo una mañana
Cuando la luz entre miserias vi.

Cuando entre bosques que el viajante ignora
Mi madre moribunda me parió,
Nacida al mundo en maldecida hora,
Fruto podrido, hija de un ladrón.

¿Sabes, Adán, lo que le guarda el mundo
A la que nace como yo nací?

En una cárcel un rincón inmundo,
Y un hospital quizá donde morir.

Una belleza, infame mercancía,
Que una pobre mujer por oro trueca,
Y gozando en su propia villanía
Un corazón que el infortunio seca.

Y en pecado y vergüenza concebida
Y en la frente el escándalo, marchar
A abrirse campo en su azarosa vida
Con lucha eterna e incesante afán.

¡Miserable de mí! ¡Yo había vivido
Contenta con mi orgullo en mi bajeza!
Tú no lo sabes, pero tú has herido
Un alma, en fin, que a comprenderse empieza.

Tú, Adán mío, sin querer has hecho
Pedazos mi amargado corazón,
Perdida ya la que guardó mi pecho
Ilusión dulce de un dichoso amor.

¡Oh!, ven acá, te estreche entre mis brazos;
Déjame en mi dolor llorar así:
¡Fueran, Adán, eternos estos lazos,
Y yo llorara en mi aflicción feliz!

¡Déjame que te bese con locura,
Déjame que te apriete al corazón!
No sé qué voz secreta en mi amargura,
Adán, me dice que a perderte voy.

¡Perderte! ¡Y para siempre! ¿Y yo que nada
Quiero ya, sino a ti, voy a perderte?
Déjame así morir, así abrazada,
¡Muriendo yo bendeciré mi muerte!

Mira, Adán mío, alma de mi vida,
Yo no soy más que una infeliz mujer,
Pobre en el mundo, una mujer perdida,
Con sólo desventuras que ofrecer.

No tengo nada; ¡pero te amo tanto!
¡Tengo un tesoro para ti de amor!
¡Oh! No me dejes, muévate mi llanto,
Muévate mi afligido corazón.

¡Oh! ¡No me dejes! Y pues ansías oro
Y dichas que no alcanzo a darte yo,
El mundo te prodigue su tesoro,
Y yo, tu esclava, te daré mi amor.

Yo sufriré en silencio tus desvíos,
Yo, tu criada, partiré tu pan,
Y una mirada de esos ojos míos
Hará mi dicha, premiará mi afán.

¡Ay! ¡No me dejes nunca!

**ADAN**

¿Yo dejarte?
¿Y para qué, y por qué? ¡Tú, mi querida!
¿Ni cómo, aunque quisiera abandonarte,
Juntos tú y yo lanzados en la vida?

Tu desdicha en tus quejas adivino:
¿Y habrá de ser eterno tu dolor?
¡Qué poderosa mano a ese destino
Para siempre, Salada, te amarró!

¡Oh! En esas tierras donde yo soñaba,
Allí do todo es glorias y placer,
Allí do nunca de gozar se acaba,
Ven, mi Salada, ven y te amaré.

Un caballo, un camino, y a ese cielo
Yo escalaré; yo siento dentro en mí
Fuerza bastante en mi ambicioso anhelo
Para cambiar, ¡quién sabe!, el porvenir.

SALADA
*(Dejándose arrebatar del entusiasmo de*
ADAN*)*

¡Juntos! ¡Juntos los dos! ¡Oh!, sí, marchemos,
Rompamos del destino las cadenas:
El mundo no es Madrid, juntos volemos
A otras gentes hallar y otras escenas:

¿Qué, adondequiera llevaré en mi frente
Grabado el sello de vergüenza? No;
Que en otras tierras, y entre nueva gente
Ennoblecida brillará en tu amor.

Huyamos, sí, de la laguna impura
Donde entre cieno sin tu amor viví,
Huyamos a esas tierras de ventura
Que a entrambos nos ofrece el porvenir.

¡Gracias! ¡Gracias! Amor, bendito seas,
Que mi bajeza me revelas tú;
Huyamos luego, Adán, dónde deseas,
A otro país que alumbrará otra luz.

*Escena II*

DICHOS y el CURA *(Poco después hasta seis hombres de malas cataduras y modales rústicos)*

EL CURA *(frotándose las manos)*
  ¡Albricias! ¡No hemos salido
De mala! Por la tetilla
Derecha le entró, y si acierta
A entrarle más una línea,
*Paz Christi.*

ADAN (*aparte a la* SALADA)
No sé por qué
Me irrita sólo la vista
De ese sapo.

SALADA
Adán, huyamos.
¡Y yo contenta vivía!

(*Aparte*)

EL CURA (*con tono truhanesco*)
Vive Dios, señor Adán,
Que tiene usted una niña
Que da la vida a un cristiano,
Lo mismo que se la quita:

Tan buena para un barrido
Como un fregado. ¡Qué vivan
Esos ojuelos que matan,
Princesa, y esas manitas!

ADAN (*con impaciencia*)
¡Ea! Basta; ¿qué queréis?

EL CURA
Si incomoda mi visita
Me iré; mas ya me hago cargo,
La gente se divertía
Como Dios manda: ¡solitos!
¡El demonio me maldiga!
Más siento yo interrumpir...
Pero... vamos... yo creía
Que para todo había tiempo...
Luego, como corre prisa
Nuestro negocio, y los otros
Van a acudir a la cita...
Y, según me han dicho, usted
Es también de la partida...

Yo, por eso... La señora,
Que me conoce hace días,
Sabe muy bien que no soy
Yo mosca nunca; en mi vida
La he estorbado para nada...
Cada cual allá se avía,
Y a vivir. ¿Qué, no es verdad,
Señora Salada?

SALADA *(aparte)*
           Grima
Me da de oírle.

EL CURA
           Lo otro
No es cosa que a usted le aflija:
El ya habrá muerto a estas horas,
Y la señora justicia,
Como no sabe quién fue
Quien le apagó, ni en su vida
Sabrá tampoco a quién tiene
Que acudir, queda *per istam*;
Aquí no hay nada que hacer
Sino apandarse unos días,
y aguardar, que Dios mejora
Sus horas. Tiberio viva,
Y el pan a dos cuartos. ¡Prenda!

*(Acercándose al oído con instancia y picardihuela)*

Vamos, una preguntilla:
¿Qué le ha dado usté al mocito
Que está que parece quina?

SALADA *(con desabrimiento)*
Oiga usted, padre curiana,
A un ladito, que me tizna.

*(Entran los seis)*

**PRIMERO**
La paz de Dios, caballeros.

> *(Van entrando: unos se sientan, otros
> se quedan de pie, algunos sacan ta-
> baco)*

**EL CURA**
Ya está la gente reunida.

> *(Da un silbido y se asoma a una reja,
> adonde acude un chico, con quien
> habla)*

Pupas, ya sabes la seña,
Corre a tu puesto y avisa.

**SEGUNDO**
¿Con que es la cosa esta noche?

**TERCERO**
> *(Al* PRIMERO, *señalando a* ADAN*)*

¿Este es el mocito, Chiripas,
Que recomendó su padre?

**PRIMERO**
Pues, el mesmo.

**CUARTO**
          Saladilla
El diablo le ha vuelto el juicio.

**TERCERO**
Padre cura, ¿qué noticias
Tiene?

EL CURA
    Muchas y muy buenas.

PRIMERO
Pues desembuche.

QUINTO *(señalando a* ADAN*)*
           La pinta
Es de un elefante en leche.
Mocito, ¿hay ánimo?

ADAN
              Y diga,
¿Para qué me ha de faltar?

SEXTO
Como es la primera cabrita
que desuella...

ADAN
          La primera
Vez que he pensado en mi vida,
Pensé alcanzar con la mano
Donde alcanzaba la vista.

PRIMERO
Bien dicho.

    (EL PADRE CURA, *entre tanto, ha estado*
          *hablando a los otros*)

CUARTO
        ¿Y en eso está?

EL CURA
Luego que quedó Chiripas
En abrir por la cochera
Y darnos entrada arriba,

Dije para mi capote,
Recemos la letanía,
Y entonemos un *Te Deum*
Porque la ocasión la pintan
Calva; y para sosegar
Mi conciencia dije a un quídam
Que en la taberna de enfrente
Estaba, que hiciese esquina
Sin quitar ojo a la casa,
Y pagara por Chiripas
Cuanto bebiese, que yo
Esta noche volvería
Con mi guitarra y mi acólito
A echar cuatro seguidillas
Y alegrar el barrio.

TERCERO
            Y oiga,
¿Entra en el ajo Chiripas?

EL CURA
El, como es natural,
No quiere que nunca digan
Que fue capaz de vender
Ni hacer una alevosía
A la que le da su pan:
Eso no, bueno es Chiripas...
No digo yo a su ama, a nadie
Hará una mala partida.

PRIMERO
Y hace bien.

EL CURA
            Pero es distinto
Que, en estando ya dormida
La gente, que entréis vosotros
Y le atéis, y luego os sirva,

Llevándoos sin hacer ruido,
Ni ver a nadie, a la misma
Alcoba donde su ama,
Que no espera la visita,
Dormirá; y así ha quedado
En que la cosa se haría,
Para no tener que ver
Después él con la justicia,
Cumplir como buen criado
Y hombre de bien. Yo en la esquina
Mientras, haré la deshecha
Y allí con mi guitarrilla,

*(Hace gestos de jaleador)*

Y cuatro coplas, y alza
Que se te ve hasta la liga,
Y toma y vuelve por otra,
Tendré la gente reunida
De la calle por si acaso
Cacarea la gallina
Que no se oiga y que en paz
Vosotros hagáis la limpia.


**TERCERO**

¿Y habrá fango?

**EL CURA**

           Hasta los codos.
Es la condesa de Alcira
Viuda con muchos millones
Y alhajas y piedras finas,
Y más condados y rentas
Y tierras que el mapa pinta.


**PRIMERO**

Moneda acuñada, padre,
Y déjese de baratijas.

**SEGUNDO** *(refregándose las manos)*
¿Y es buena moza?

**TERCERO**
                    Me gusta
La pregunta; que sea rica
Y haya donde entrar la mano,
Y más que tenga comida
La cara de lamparones.

**ADAN** *(con interés)*
¿Y es de esas damas que habitan
Palacios?

**EL CURA**
            Uno tan grande
Que en entrando no se atina
A salir; pero no hay miedo,
Que para eso está Chiripas,
El lacayo incorruptible
Y fiel, que hallara salida
Al laberinto de Creta.

*(Se va haciendo de noche. La* SALADA
*entra con un velón encendido)*

**ADAN**
¿Tendrá coches?

**EL CURA**
                Y berlinas,
Y cabriolés, y oro y plata
Más que producen las Indias.

**PRIMERO**
¡El chivato! De oírlo sólo
Los ojos se le encandilan.

LA SALADA *(aparte)*
 *(Con los ojos llenos de lágrimas)*
¡Pobre de mí!

PRIMERO
        Chica, ¿lloras?

SEGUNDO
¿Por qué llora usted, mi vida?

ADAN *(sin reparar en ella)*
Vamos pronto, vean mis ojos
Cuanto vio mi fantasía;
Toquen mis manos en fin
Los sueños de mi codicia.

TERCERO
Buen pollo; que a éste le pongan
Donde haya.

PRIMERO
        Bien se explica.

SEGUNDO *(a la* SALADA*)*
Pero ¿por qué llora usted?

PRIMERO
Cosas de mujeres.

QUINTO
        Niña,
¿Le duele a usted algo?

SALADA
            El alma
Y el corazón; Adán, mira,

    *(Se adelanta con energía a* ADAN*)*

¿Ves estas lágrimas? Son
Las primeras que en mi vida
Me ha hecho derramar un hombre;
No hagas tú que mi desdicha
Se trueque en rabia, y se cambie,
Adán, mi ternura en ira:
No quiero, no, tú no irás
Porque yo no quiero.

EL CURA
               ¡Chispas!
¡Qué mala hierba ha pisado
La mocita!

SALADA
        Tú, imaginas
Que esa mujer es hermosa,
¿Pensabas que yo querría,
Que lo imagino también,
Dejarte ir? ¡Ah! ¿Tú olvidas
Que yo te amo y te finges
Ilusiones y alegrías
En otra parte, sin mí,
Con otra mujer? ¿La hija
Del ladrón cambiar presumes
Con desprecio por la altiva
Condesa, por la señora
Que arrastra coche? Deliras.
Sí, tú te has dicho a ti mismo:
Es una mujer perdida;
La que ha nacido en el fango,
Que llore en el fango y viva.
Tú has olvidado mi amor,
Mi delirio, mis caricias...
¡Ingrato! Que sin tu amor,

*(Con ternura y saltándosele las lágrimas)*

Sin ti, detesto la vida,
Que no tengo más que a ti,
Que te amo, ¡oh!, de rodillas.
Yo te lo ruego, Adán mío,
No vayas, te lo suplica
Tu pobre Salada; no...
Perdona, Adán, alma mía,
No vayas, no; el corazón
Me da que alguna desdicha
Nos va a suceder... No vayas.
¿No harás lo que yo te pida?

ADAN

¿No ir? Salada, ¿no ir yo?
Cuando fortuna me brinda,
Y en realidades mis sueños,
En verdad mi fantasía
Trueca? ¿Quién? ¿Yo, yo no ir?
¿Yo no ir...? Tú desvarías.

PRIMERO

Pero ven acá, ¿tú quieres
Que tu galán sea un gallina?

SALADA

¿Tú a qué has de ir? Si supieras,
Adán mío, cuán indigna
Hazaña van a emprender
Estos hombres, ¡ah!, tú huirías
De ellos. Tu corazón,
Noble, di, ¿no te avisa
De la bajeza del hecho?

EL CURA

Vaya una rara salida.
El demonio predicándonos
Un sermón de moralista.

**ADAN**
Mira, Salada, no sé
Si la acción que se medita
Es buena o mala, ni entiendo
Qué es mal ni bien todavía.
Yo allá voy. Cualquiera sea
El hecho, dicha o desdicha
Nos traiga, yo he seguir
La aspiración que me anima.
¿Acaso he nacido yo
Para vivir en continua
Agitación? ¿No podré
Seguir a mi fantasía
Jamás? No, Salada mía;
Glorias y triunfos me pinta
Mi deseo; la fortuna
A mi anhelo campo brinda
Donde cumplirlo. Yo quiero
Ver, palpar cuanto imagina
Mi mente; de una ojeada
Ver todo el mundo que gira
A mi alrededor. Allí luego
Tú vendrás, donde yo elija
Un sitio para los dos.
¡Oh! Si me amaras, tú misma
Me llevarías.—¿Y quién
Habrá jamás que me impida
Volar donde yo desee?
¡Fuera injusto! Y romperían
Mis manos, sí, las cadenas
Que aprisionaran mis iras.

**PRIMERO**
Bien dicho.

**SALADA** *(con mimo)*
        Dime, Adán mío,
¿Me amas? ¿Por qué te irritas?

¡Oh! ¡No te enojes conmigo!
Dame un beso, una caricia.
Ya que te empeñas en ir...
Otro beso, ¿no podrías
Ir otra vez, dueño mío,
Dejarlo para otro día?
Las horas se me hacen siglos
Sin ti, todo me fastidia.
¡Yo que pensaba esta noche
Pasarla en tu compañía
Tan feliz y acariciarte
Tanto! No hay mayor desdicha,
Tú ya lo sabes, Adán,
Que una esperanza fallida.
Si te vas, ¿qué haré? Llorar.
Otro beso. No hay delicia
Igual: los dos aquí solos
Entre amores y caricias
Corriendo las horas. Yo
Te contaré mis fatigas,
Mi amor, cuando estabas preso.
¡A ti no te cansa oírlas!
¿No es verdad, mi bien? ¡Ah!, dame
Otro beso...

ADAN *(conmovido)*
           ¡Vida mía!
No llores, no; yo te amo...
Yo haré lo que tú me pidas.

TERCERO
Eso es, ya está hecho un mandria.

SEGUNDO
¡Y lo que sabe la indina!...

EL CURA
Señores, aquí se quede
El que quiera, que maldita
La falta que nadie hace.

Nuestra condesa de Alcira
  *(Con intención a* ADAN*)*
Nos aguarda con sus coches,
Su palacio y joyerías.
Nosotros vamos allá.
Conque, amigos, hasta la vista.

  *(Dándole a* ADAN *en el hombro)*

SALADA
¡Maldita sea tu lengua
Que me arrebata mi dicha!

ADAN
¡Oh! Es verdad y yo olvidaba...

SALADA *(arrojándose en sus brazos)*
¡Adán mío!

ADAN *(con aspereza)*
      Mujer, quita.

  *(Se arranca de ella; la* SALADA *cae desplomada de dolor en una silla. Salen los bandidos, y* ADAN *el primero)*

## Canto VI

Era noche de danza y de verbena,
Cuando alegra las calles el gentío
Y en grupos mil estrepitosos suena
Música alegre y sordo vocerío.

Sonó pausada en el reló la una,
La paz reinaba en el sereno azul;
Bañaba en tanto la dormida luna
Las altas casas con su blanca luz.

Y en un palacio, alcázar opulento
De soberbia fachada, en un balcón
Penetraba su rayo macilento
Entreabierto el cristal por el calor.

Lámparas de oro, espejos venecianos,
Aureos sofás de blanco terciopelo,
Sillas de nácar y marfil indianos,
Los pabellones del color del cielo.

# El diablo mundo

Caprichos raros de la industria humana,
Relieves y elegantes doraduras,
Jarrones de alabastro y porcelana,
Magníficas estatuas y pinturas,

Ornan confusos la soberbia estancia
Que allá se pierde en mágica crujía,
Salones tras salones, y a distancia
Se abre de mármol ancha gradería.

Y allá a un jardín, mansión encantadora
De las fadas, conduce, y mil olores
Esparce en los salones voladora
La brisa que los roba de la flores.

¿Quién la deidad, el ídolo dichoso
De aquel templo magnífico será?
¡Templo soberbio, alcázar grandioso
Que con oro amasó la vanidad!

Bella como la luz de la serena
Tarde que a la ilusión de amor convida,
El alma acaso de amargura llena,
Hermosa en el verano de la vida,

Una mujer dormida sobre un lecho
Riquísimo allí está, los brazos fuera;
Palpítale desnudo el blanco pecho,
Vaga suelta su negra cabellera;

La almohada a un lado, la cabeza hermosa
En un escorzo lánguido caída,
Turbios ensueños a su frente ansiosa
Vuelan tal vez desde su alma herida.

Una velada lámpara destella
Su tibia luz en rayos adormidos,
En desorden brillando en torno de ella
Mil lujosos adornos esparcidos.

Aquí un vestido de francesa blonda,
La piocha allí de espléndidos brillantes,
La diadema de piedras de Golconda,
Sobre el sofá los aromados guantes.

De flores ya marchita la guirnalda,
Allí sortijas de oro y pedrería,
Arrojada en la alfombra rica banda
Bordada de vistosa argentería...

Bandas, sortijas, trajes, guantes, flores,
No os quejéis si os arroja con desdén:
¡El placer, la esperanza y los amores
Ella arrojó del corazón también!

¡Ay! Que los años de la edad primera
Pasaron luego y la ilusión voló,
Y al partirse dejó la primavera
Al sol de julio que agostó la flor.

Y al alma sólo le quedó un deseo
Y un sueño le quedó a su fantasía,
Loco afán y engañoso devaneo
Que en vano en este mundo hallar porfía;

Y el corazón, que palpitaba ufano,
Henchido de esperanza y de ventura,
Donde placer halló, lo busca en vano,
Perdida para siempre su frescura;

Y en vano en lechos de plumón mullidos,
En rica estancia de dorado techo,
Se reclinan sus miembros adormidos
Mientras despierto la palpita el pecho.

Y en él, inquieto el corazón se agita,
Y un tropel de deseos y memorias
Su mente a trastornar se precipita
Volando ansiosa tras mentidas glorias.

Y en vano busca con avaro empeño
Paz para el corazón en sus rigores;
Sus ojos cerrará piadoso el sueño,
Pero no el corazón a sus dolores.

Despierta cuenta con mortal hastío
Las horas en su espléndida mansión,
Lánzase al mundo y con afán sombrío
Huye otra vez de su enojoso ardor.

Todo le cansa, en su delirio inventa
Cuanto el capricho forja a su placer;
Y ya cumplido, su fastidio aumenta
Y arroja hoy lo que anhelaba ayer.

¡Oh! Que no hay artífice en el mundo
Que sepa fabricar un corazón,
Ni sabio hay, ni químico profundo
Que encuentre medicina a su dolor.

Los trajes, bandas y aromosas flores,
Aquellos oros por allí esparcidos,
Extranjeros riquísimos primores
A que eligiese a su placer traídos,

Violos apenas y arrojolos luego
Acá y allá lanzados con desdén;
Que harta su alma y el sentido ciego
Todo le cansa cuanto en torno ve.

Y duerme ahora, y su entreabierta boca,
Donde entre rosas se entrevé el marfil,
Respira del afán que la sofoca
Fuego que el corazón lanza al latir;

Sus labios mueve y en su hermosa frente
Rasgos inquietos cruzanse en montón;
Cual detrás de la nube transparente
Sus rayos lanza moribundo el sol;

Y acaso entre una lánguida sonrisa
Resbalar una lágrima se ve,
Cual suele al movimiento de la brisa
Diáfana gota por la flor correr.

¿Por qué esa angustia y respirar violento?
¿Por qué soñando con dolor suspira?
Tan hermosa y con tanto sentimiento
¡Ay!, ¿por qué al corazón lástima inspira?

Un hombre en tanto de feroz semblante,
De repugnante y rústico ademán,
Y en la diestra un puñal, con vigilante
Faz cuidadosa y temeroso andar,

Súbito entró en la estancia, y silencioso
A la dormida dama se acercó,
Contemplóla un momento receloso
Y por sus pasos a salir volvió.

«Duerme como un lirón», dijo en voz baja
A otros que afuera y en aguardo están:
Y añadió, mientras cierra su navaja:
«Manos, pues, a la obra y despachar.»

Y con destreza y silencioso tino
Abren y descerrajan a porfía,
Alegre el corazón del buen destino
Que sus intentos favorece y guía.

Y aquí amontonan, y acullá recogen,
Rompen allí y arrojan con desdén,
Y aquí los unos con cuidado escogen,
Despedazan los otros cuanto ven;

Y con ansia brutal oro buscando
Con insaciables ojos la codicia,
Riquezas y tesoros anhelando,
Riquezas y tesoros desperdicia.

Estremécese el alma al menor ruido
De temeroso sobresalto llena,
Páranse un punto, aplican el oído
Y vuelven otra vez a su faena.

Y en medio a su azaroso y mudo empeño
Rompe el silencio súbito rumor,
Y vuelven todos con airado ceño
Los ojos con afán donde sonó.

Y lleno de infantil sandia alegría
Miran a Adán, que escucha embelesado
La estrepitosa súbita armonía
Que oculta en un reloj de pronto hallado.

De gozo el alma y de esperanzas llena
Y ávido de sorpresa el corazón,
Indiferente actor de aquella escena,
Registra todo con pueril candor.

Y aquí contempla y palpa los colores
Del rico pabellón de oro bordado;
Allí admira los nítidos primores
Del limpio nácar y el marfil labrado.

Más allá, en la pared, le maravilla
Aparecida mágica figura,
En cuyos ojos animados brilla
Cándida luz de celestial dulzura:

Formas aéreas que copió en el cielo
La mente de Murillo y Rafael,
Virgen divina, celestial consuelo
Que trasladó a la tierra su pincel.

Y un caballero vio que le miraba,
Que vivo allí lo trasladó Van Dyck,
Que altivo y con desdén le contemplaba
De noble aspecto y ademán gentil.

Y el tierno amor que el rostro de hermosura
De la Virgen purísima le inspira
Trocó luego el orgullo, la bravura,
Del caballero aquel que adusto mira.

Intrépidos en él clavó sus ojos
Brillantes de belleza y juventud,
Y provocar queriendo sus enojos,
Llegóse a él y le acercó la luz.

Tocóle en fin e imaginóse luego
Que sombra nada más la imagen era,
Y al irse despechado y con despego,
Lanzó al retrato una mirada fiera.

Y volviendo la espalda vio arrogante
Un mancebo galán que hacia él venía,
De negros ojos y gentil semblante,
Que al suyo reparó se parecía;

Y sonrióse, y vió con gusto extraño
Su figura airosísima allí dentro,
Que tan terso cristal de aquel tamaño
Nunca hasta entonces la copió en su centro.

Y alegre el corazón miróse al punto,
De sí agradado, y reparó en su traje,
Y volviendo al retrato cejijunto,
Luego lo comparó con su ropaje.

Y parecióle que mejor cayera
Aquel vestido en él que el que tenía,
Y mejor que su daga considera
Aquella larga espada que ceñía.

Y una ninfa después, blanca y desnuda,
Al aire ve que suelta se desprende,
Gentil guirnalda que su salto ayuda
En sus manos purísimas suspende.

Suavísima figura y hechicera
En escogido mármol de Carrara,
Que al aire desprendida va ligera,
El juicio pasma y los sentidos para.

Todo lo mira Adán, todo lo toca,
Todo lo corre con prolijo afán,
Y allá en los sueños de su mente loca
Ser gran señor imaginando está.

Y carrozas, y triunfos, y contentos,
Raudos caballos de indomables bríos,
Y raros y magníficos portentos
Brindan a su ansiedad sus desvaríos.

Y esto deja entretanto, aquella toma,
Destapa un pomo de dorada china,
Viértese encima su fragante aroma,
Allá a otro objeto su atención inclina,

Toca y enciende un rico pebetero,
Báñase en ámbar súbito la estancia,
Y en un sillón sentándose frontero
Gózase en su dulcísima fragancia.

Más allá, relumbrante joyería
Sobre una mesa derramada está,
Y se prende una flor de pedrería;
Luego al espejo a contemplarse va.

Niño inocente que encantado vaga
En medio al crimen que acompaña ciego,
Que cuanto en torno ve todo le halaga
Y a todo codicioso acude luego.

Que de la cárcel a los dulces lazos
Pasó encantado en su primer amor,
Y la bella Salada entre sus brazos
Enamorada de él le aprisionó.

Que luego el mundo apareció a sus ojos
Adornado de gala y de alegría,
Y su vista creó nuevos antojos,
Nuevos ensueños que gozar ansía.

Y libre allí cual caprichoso niño,
Que alegre corre y libre se figura
Si burló acaso el maternal cariño
Y por campo y ciudad va a la ventura;

Así la dulce libertad sentida,
Adán huyó de su infeliz manola;
Y allí en su gozo embebecido olvida
La que le llora enamorada y sola;

Y así mirando y revolviendo todo
Párase ante un magnífico reló
Y de gozarlo imaginando modo
Toca, y la oculta música sonó.

Al impensado estrépito los ojos
Volvieron todos, y mirando a Adán
Saltaron a sus rostros los enojos
Y aun alguno echó mano a su puñal:

«—Clávale ahí: maldita sea la hora
Que ese menguado con nosotros vino.»
«—Por poco, señor Curro, se acalora»
—Repuso Adán mirando al asesino.

Y con sereno rostro y con desdeño
Señalando al puñal, se sonrió.
Dobló el bandido a su sonrisa el ceño
Y colérico a herirle se arrojó.

Trabárase la lid si un alarido,
Un agudo chillido penetrante,
Parando el movimiento al forajido,
... ... ... ... ... ... ... ... ... ... ... ... ... ... ... ...

«—Alto —dijo, volviéndose—, hablar quedo;
Voy a tapar la boca a esa mujer;
Nadie se mueva, no hay que tener miedo;
Hacer el hato vivo y recoger.»

«—¡Favor, favor!», con afanoso acento
Una mujer, en su desorden bella,
Súbito en el salón, falta de aliento,
Y que en sus propios pasos se atropella,

Preséntase, y mirando a los bandidos
Siente la voz helársele y suspira,
Y piedad implorando entre gemidos
Los bellos ojos temerosos gira.

Ojos que vierten lágrimas que velan
Su clara luz, realzando su ternura,
Mientras suspiros de sus labios vuelan
Con fatiga que aumenta su hermosura,

Y mientras caen los agitados rizos
Que la sofocan a su ansiosa faz,
Aumenta en su congoja sus hechizos
La blanca mano que a apartarlos va;

Y su voz, que se ahoga entre suspiros,
Simpática enternece el corazón,
Ecos suaves, regalados tiros
Que al corazón de Adán lanza el amor.

Sintió piedad mirándola afligida,
Que era su hermoso rostro como el cielo
Cuando, si llueve en la estación florida,
Colora el sol el transparente velo.

¿Qué ciegos ojos la beldad no encanta?
¿Qué duro corazón no vuelven blando
Los ojos lastimeros que levanta
Al cielo la mujer que está llorando?

Los ladrones allí y en torno de ella,
Los estúpidos rostros agitados,
Y ella postrada y en extremo bella
Los ojos y los brazos levantados.

«—¡Silencio, juro a Dios! —con mano ruda
Dijo, asiéndola un brazo el capataz—.
Atale ese pañuelo, atrás lo anuda,
Y que hable para sí si quiere hablar.»

Díjole a otro que a la dama hermosa
Un pañuelo doblando se acercó,
Mientras el capataz con su callosa
Mano la boca a la infeliz tapó.

Miraba Adán, miraba a la hermosura
De la gentil y dolorida dama;
Miraba luego a la cuadrilla impura
Que su belleza con su aliento infama.

Y cuando al bruto bandolero mira
Poner su mano rústica en su boca,
Arrebatado en generosa ira,
Que a fiera lid su corazón provoca,

Tira de su cuchillo y se adelanta
Saltando en medio al círculo, y cogió
Del cuello al capataz con fuerza tanta,
Que en el suelo de espaldas le arrojó.

Y, en la diestra el puñal, la izquierda tiende
Describiendo una línea circular,
Y la turba que al verle se sorprende
Dos o tres pasos échase hacia atrás.

¡Oh! ¡Cuán hermoso en su gallardo empeño,
Palpitante la faz, vivos los ojos
Vuelve el bizarro mozo y cuál su ceño
Añade gentileza a sus enojos!

El diablo mundo

Aquellos rizos que en sus hombros flotan,
Tirada atrás la juvenil cabeza,
Las venas que en su frente se alborotan,
Su ademán de bravura y ligereza,

Y aquella dama que postrada llora,
Yerta a sus pies y la razón perdida,
Y que azorada y temerosa ahora
Yace temblando a su rodilla asida;

Y en torno de él las levantadas diestras
De sus contrarios del cuchillo armadas,
Con ademanes y feroces muestras
Su muerte a un tiempo amenazando airadas,

En medio aquel desorden y el despojo,
Cuán grande en ardimiento y gallardía
Muestran al mozo, que en su noble arrojo
Un genio fabuloso parecía.

Alzase en tanto, la navaja en mano,
Los labios comprimidos de la ira,
Como pisada víbora, el villano
Que cayó al suelo y que rencor respira,

Y él y los otros al mancebo saltan;
Salta el mancebo que los ve llegar,
Y antes que a él lleguen los que así le asaltan,
Logra la espalda en la pared guardar.

Quieto allí contra el ángulo resiste
Ojo avizor el ímpetu primero,
Y a veces salta y en la turba embiste
Con presto brinco y con puñal certero.

Y en silencio que sólo algún rugido
Sordo rompe o mascada maldición,
Sigue la lucha, y al mancebo ardido
La vil canalla acosa en derredor.

Como traílla de feroces perros
Sobre el cerdoso jabalí que espera,
Con diente avaro y encrespados cerros
Se arrojan a cebar su saña fiera,

Y aquí y allá con ávida porfía
Le acosan, y el colérico animal
En cada horrible dentellada envía
La muerte al enemigo más audaz.

Así, pero no así, sino más fieros,
Con mayor furia y sin igual rencor
Acometen a Adán los bandoleros,
Crece la lucha y crece su furor;

Y cual ligero corzo que parece
Saltando zanjas que en el aire va,
Salta si un golpe a su intención se ofrece,
Y vuelve a la pared cuando lo da.

Y entre ellos luchando, en medio de ellos
Revuélvese y barájase y desliza
Su cuerpo, y fatigados los resuellos
Pueden apenas sostener la liza,

Y aquí derriba al uno, al otro hiere,
Y como *terne* diestro se repara
Y a todos, a uso de la cárcel, quiere
Marcarles las heridas en la cara;

Y unos turbados de manejo tanto
Y otros caídos de vencida van,
Cuando los gritos a aumentar su espanto
Llegan de gentes que se acercan ya.

«¡La justicia!», dijeron, y el violento
Choque suspenden, corren al balcón
Y Adán corre también, y huye al momento
Que la palabra de *justicia* oyó.

¡Fatal palabra! La primera ha sido
Que oyó en su vida pronunciar tal vez,
Hospedado en la cárcel la ha aprendido
Y ni en sus sueños la olvidó después.

Oyó justicia y olvidó a la hermosa
Dama que generoso defendió,
Riquezas, lujo, estancia suntuosa,
Y allá a la calle del balcón saltó.

Y sin pensar, sin calcular la altura,
Unos tras otros a la calle van:
Ninguno allí del compañero cura,
Sálvese como pueda cada cual;

Pero hubo alguno que en tamaño aprieto
Más práctico y sereno, haciendo un lío
De cuanto recoger pudo en secreto,
Sin curar las palabras tuyo y mío,

Saltó a la calle con sagaz donaire
Apretada su prenda al corazón;
Y desprendido se soltaba al aire
Cuando la gente en el salón entró.

  Cuenta la historia que el audaz mancebo,
Como en Madrid tan nuevo,
Corrió dos o tres calles sin destino,
Y huyendo acá y allá, y a la ventura,
Solo se halló y en una calle oscura,
Al saltar del balcón perdido el tino.
Y luego se asegura,
Y mira en derredor si alguien le sigue,
Y tranquilo prosigue;
Mas, sin saber adónde, su camino
Iba despacio andando.

Súbita hirió su oído
La bulla y baileteo
De una cercana casa, y al ruïdo
Dirigió nuestro héroe su paseo.
Rumor de gente y música se oía
Y voces en confusa algarabía,
Y al estrépito alegre se juntaba
Choque gentil de vasos y botellas,
Y al son de la guitarra acompañaba
Alguno que cantaba
Y con lascivos movimientos ellas.

Dio la vuelta a la esquina
Y en la casa del baile y la jarana
Vio con sorpresa que a calmar no atina
De par en par abierta una ventana,
Y en una estancia solitaria y triste,
Entre dos hachas de amarilla cera,
Un fúnebre ataúd, y en él tendida
Una joven sin vida
Que aun en la muerte interesante era.
Sobre su rostro del dolor la huella
Honda grabado había
Doliente el alma al arrancarse de ella
En su congoja y última agonía,
Y allí, cual rosa que pisó el villano
Y de barro manchó su planta impura,
Marcada está la mano
Que la robó su aroma y su frescura.

Una mujer la vela,
Vieja la pobre, y llora dolorida
Junto al cadáver y volverle anhela
Con besos a la vida;
Y ora llorando olvida
Hasta el estruendo y fiesta bulliciosa
Que a alterar de la estancia dolorosa
La lúgubre paz viene,

# El diablo mundo

Y en darla dulces nombres, cariñosa,
Y en besar a la muerta se entretiene;
Y a veces abren súbito la puerta
Que adentro lleva adonde suena danza,
Y sin respeto y de tropel se lanza
Un escuadrón de mozos que la muerta
Con impureza loca contemplando
Búrlanse de la vieja, profanando
Con torpes agudezas la sombría
Mísera imagen de la muerta fría.

    Y ella es de ver, la vieja codiciosa,
En medio de su amarga
Y sincera aflicción, cuál la rugosa
Mano al dinero alarga,
Y a los mozos impíos
Les llama entre sollozos *hijos míos,*
Y de llorar ya rojos
Enjuga en tanto sus hinchados ojos,
Y entre suspiros mil echa su cuenta,
Y luego se lamenta
De nuevo, y a su mísero quebranto
Volviendo la infeliz, vuelve a su llanto.

    Y en tanto alegre suena
En la cercana sala el vocerío,
La danza, el canto y bacanal faena,
Regocijo, guitarra y desvarío.
Miraba Adán escena tan extraña
Con piadoso interés desde la reja,
Y a la cuitada vieja,
Que en agradar sus huéspedes se amaña,
A par que en llanto de amargura baña
El cadáver aquel que parecía
Que con toda su alma lo quería.
Y el baile y la alegría
De la cercana estancia le admiraba,

Y el bullicioso y placentero ruido
Que confuso llegaba
A mezclarse a deshora a su gemido.


Y de saber y averiguar curioso
El caso doloroso
Que unos celebran tanto,
Y aquella mujer llora
Con tan amargo llanto,
Llamó luego a la puerta, y desfadada
Una moza le abrió toda escotada,
El traje descompuesto
Con desgarrado modo y deshonesto,
Y entró en un cuarto donde vio una mesa
Y entre la niebla espesa
De humo de los cigarros medio envueltos,
Seis hombres asentados
Con otras tantas mozas acoplados,
En liviana postura,
Que beben y alborotan a porfía,
Y aquél el vaso apura,
Y el otro canta y, en inmunda orgía,
Con loco desatino
Al aire arrojan vasos y botellas,
Ellos gritando y en desorden ellas
Y con semblantes que acalora el vino.
Y aquél perdido el tino
Tiéndese allí en el suelo,
Y éste bailando con la moza a vuelo,
A las vueltas que traen,
Tropezando en su cuerpo de repente,
Ella y él juntamente,
Sobre él riendo a carcajadas caen.
Bebe tranquilo aquél, disputan otros,
Brincan aquéllos como ardientes potros
Que, roto el freno, por los campos botan,
Y mientras todos juntos alborotan,

Alguno, con el juicio ya perdido,
Murmura en un rincón medio dormido.


  Solícita una moza, al forastero
Llegóse, y preguntóle qué quería,
Llamándole «buen mozo» lo primero.
«—Quisiera yo, alma mía
—Adán le respondió—, si se me deja,
Ver a esa pobre vieja
Que está en ese aposento
Velando a la difunta.» «—¡Ay, es su hija!
A las seis se murió: buen sentimiento
Nos ha dado la pobre: era una rosa.
¡Todas nosotras la queríamos tanto!
Dios la tenga consigo. Tan hermosa
Y ahora muerta, vea usted, ¡pobre Lucía!
Razón tiene en llorar doña María.
Entre usted por aquí.» Y abrió una puerta.
Y hallóse Adán con la afligida madre,
Y el cadáver miró, y a hablar no acierta.
Reina siempre en redor del cuerpo muerto
Una tan honda soledad y olvido,
Tan inmensa orfandad, allí tendido,
Desamparado ya del trato humano,
Sin voluntad, sin voz, sin movimiento,
Que en vano el pensamiento
Presume ahondar tan misterioso arcano,
Y recogido su ambicioso giro
Pliégase al corazón que ahoga un suspiro.


  Miraba Adán, miraba los despojos
De aquella un tiempo que animó la vida.
Sobre el cadáver los inmobles ojos
Y el alma con angustia y dolorida
Y turbia y embebida
La mente, contemplándola allí atento,

Embargó sus sentidos
Un mundo inexplicable sentimiento,
En el vacío del no ser perdidos.

Y olvidó dónde estaba,
Parado y aturdido el pensamiento,
Y miraba y callaba
Sin hacer ademán ni movimiento,
Mas que de cuando en cuando suspiraba.

Rompió el silencio la angustiada vieja
Con lastimada voz y entre quebrantos,
Que encuentra eco a su doliente queja
Y halla un consuelo entre pesares tantos
Viendo al mancebo aquel desconocido
Lloroso como ella y dolorido.

«—Véala usted, señor, cuando cumplía
Apenas quince años... ¡Hija mía!»

«—Buena mujer —repuso con ternura,
Volviendo Adán en sí de su letargo—,
¿Cómo en tanta tristura,
En tanto duelo y sentimiento amargo,
Permitís ese estrépito a deshora
Y danza y bulla tanta
Mientras dolor tan íntimo quebranta
Vuestro llagado corazón que llora?»

«—¡Ay —respondió la vieja desolada—,
Vivo de eso, señor; no tienen nada
Que hacer esos señores
Conmigo y mis dolores!
Vivan ellos allá con sus placeres,
Y mientras besan el ardiente seno
De esas locas mujeres,
Yo, con el corazón de angustias lleno,
Beso aquí, solitaria en mi agonía,
La boca de mi hija muda y fría.

# El diablo mundo

¡Hija mía, hija mía!
¡Ah, para el mundo demasiado buena!
Dios te llevó consigo;
Mas es dura mi pena,
Y cruel, aunque justo, mi castigo.»

Dijo, y rompió con tan amargo llanto
Que la voz le robó su sentimiento.
Y en su mortal quebranto,
Convertido en sollozo su lamento,
El llanto que hilo a hilo le caía,
Por sus mejillas pálidas corría.

«—Yo, buena madre, ignoro,
Nuevo en el mundo aún, lo que es la muerte
—Adán le respondió—; pero ¿quién pudo
Arrebatar sañudo
La que fue vuestro encanto de esa suerte?
¿Será imposible ya darla la vida?
La antorcha ahora encendida,
Si la apaga mi soplo de repente,
Juntándola otra luz, resplandeciente
Torna al punto a alumbrar: ¿y aquella llama
Que en la existencia de esa niña ardía
No hay otra luz que renovarla pueda?
¿Acaso inmóvil para siempre y fría
Con el aliento de la muerte queda?
Vos sois pobre tal vez..., ¡ah!, con dinero
Quizá se compre; débil y afligida,
Los muchos años vuestro ardor primero
Gastaron ya, y el elixir de vida
Se halla lejos de aquí..., decidme dónde,
Decidme do se esconde,
Y yo allá volaré, sí, yo un tesoro
Robaré al mundo y compraré la vida,
Y la apagada luz, luego encendida,
Veréis brillar, y enjugaré ese lloro,
Volviendo al mundo la que os fue querida.

»¿Dónde, decidme, encontraré yo fuego
Que haga a esos ojos recobrar su ardor?
¿Dónde las aguas cuyo fértil riego
Levante fresca la marchita flor?»

Dijo así Adán con entusiasmo tanto,
Con tan profunda fe, con tanto celo,
Que la vieja, a pesar de su quebranto,
Alzó a él los ojos con curioso anhelo.
«—¡Pobre mozo, deliras!
Si comprar esa vida se pudiera,
Esta vieja infeliz que yerta miras,
Por una hora siquiera,
Por un solo momento
De ver abrir los ojos celestiales
Y otra vez escuchar el dulce acento
De la hija querida de su alma,
¿Qué puedes figurarte que no haría?
¿Qué crimen, qué castigo
Por recobrarla yo no arrostraría,
Y otra vez verla palpitar conmigo?
¿Sabes tú que una hija es un pedazo
De las entrañas mismas de su madre?
Por un beso no más, por un abrazo,
Y morirme después, el mundo entero
Pidiendo una limosna correría,
Y con los pies desnudos y mi llanto,
Piedras enterneciera en mi quebranto
Y al mundo mi dolor lastimaría.

¡Oh! ¡Que del alma mía,
Pobre Lucía, que arrancó la muerte,
Y el corazón contigo de mi pecho
Arrancó de esa suerte,
A tantos males y aflicciones hecho!
¡Hora fatal, maldita
Por siempre la hora aquella
Que el hombre aquél te contempló tan bella!

# El diablo mundo

¡El Señor me la dio y él me la quita!
¡Cómo ha de ser!...» —Y el corazón partido,
Secos los ojos, exhaló un gemido.

En remolinos mil su pensamiento
Vagando Adán por su cabeza siente,
Que no acierta a explicarse el sentimiento
Que a par que el corazón turba su mente.
«¡El Señor me la dio y él me la quita!»,
Repite luego en su delirio insano,
Y penetrar tan insondable arcano
Su mente embarga y su ansiedad irrita.

El Dios ese, que habita,
Omnipotente, en la región del cielo,
¿Quién es que inunda a veces de alegría,
Y otras veces, cruel, con mano impía,
Llena de angustia y de dolor el suelo?
Nombrar le oye doquiera,
Y a todas horas el mortal le invoca,
Ora con ruego o queja lastimera,
Ora también con maldiciente boca.
Tal devanaba Adán su pensamiento,
Que en vano ansioso comprender desea,
Y en medio al rudo afán que le marea
Los hombros encogió. Dudas sin cuento,
De su ignorancia y su candor nacidas,
No del alma lloradas y sentidas,
Sueños de su confuso entendimiento,
Su mente asaltan, y por vez primera
Adán súbito siente
Volar queriendo, sin saber adónde,
Del corazón ardiente
La perpetua ansiedad que en él se esconde.

«—¿Cómo en vuestro dolor —dijo, inocente—,
Madre infeliz, la cana cabellera
Tendida al aire, los quemados ojos
Con muestra lastimera,

Y bañados de lágrimas, de hinojos
No os postráis ante Dios? ¡Ah! Si él os viera
Desdichada a sus pies, cual yo a los míos,
Y los ojos de lágrimas dos ríos,
Y ese del corazón hondo lamento
De amarga y melancólica querella
Oyera, y el profundo sentimiento
Que en esa seca faz marcó su huella
Y en vuestro corazón fijó su asiento,
Contemplara cual yo: ¿por qué a la rosa
Que súbito secó ráfaga impura
No renovara su color hermosa
Y volviera su aroma y su frescura?
Desdichada mujer, ¡oh!, ven conmigo;
Juntos lloremos a sus pies tus penas;
El nos dará su bondadoso abrigo;
A la fuente volemos,
Eterno manantial de eterna vida,
Y la rica simiente allí escondida
Juntos recogeremos.
Seca, buena mujer, tu inútil llanto,
Vuélvate la esperanza tu energía,
Y el cuadro de tu mísero quebranto,
Soledad y agonía,
Muestra a ese Dios, y con humilde ruego;
Que no será, confía,
Sordo a tus quejas, ni a tu llanto ciego.»

La vieja en tanto levantó los ojos
Al techo, y murmuró luego entre dientes
Quizá sordas palabras maldicientes,
O quizá una oración; el más sufrido
Suele echar en olvido
A veces la paciencia, y darse al diablo,
Y usar por desahogo
Refunfuñando como perro dogo
De algún blasfemador rudo vocablo:

Mas todo se compone
Con un «Dios me perdone»,
Que así mil veces yo salí del paso
Si falto de paciencia juré acaso,
Y cierto, vive Dios, si no jurara
Que el diablo me llevara;
Que cuando ahoga el pecho un sentimiento
Y el ánimo se achica, porque crezca
Y el corazón se ensanche y se engrandezca
No hay suspiro mejor que un juramento.
Y aun es mejor remedio
Para aliviar el tedio
Mezclarlo con humildes oraciones,
Como al son blando de acordada lira
La voz de melancólicas canciones
Confundida suspira;
Y así también se dobla la esperanza,
Que adonde falta Dios, el diablo alcanza.
Yo a cada cual en su costumbre dejo,
Que a nadie doy consejo
Y así como el placer y la tristeza
Mezclados vagan por el ancho mundo
Y en su cauce profundo
A un tiempo arrastran flores y maleza,
Así suelen también mezclarse a veces
Maldiciones y preces,
Y yo tan sólo lo que observo cuento,
Y a fe no es culpa mía
Que la gente sea impía
Y mezcle a una oración un juramento.
Testigo aquella vieja
De la antigua conseja
Que a San Miguel dos velas le ponía,
Y dos al diablo que a sus pies estaba,
Por si el uno fallaba
Que remediase el otro su agonía.

Mas juro, vive Dios, que estoy cansado
Ya de seguir a un pensamiento atado
Y referir mi historia de seguida,
Sin darme a mis queridas digresiones,
Y sabias reflexiones
Verter de cuando en cuando, y estoy harto
De tanta gravedad, lisura y tino
Con que mi historia ensarto.
¡Oh, cómo cansa el orden! No hay locura
Igual a la del lógico severo;
Y aquí renegar quiero
De la literatura
Y de aquellos que buscan proporciones
En la humana figura
Y miden a compás sus perfecciones.

¿La música no oís y la armonía
Del mundo, donde al apacible ruido
Del viento entre los árboles y flores,
Se oye la voz del agua y melodía,
Y del grillo y las ramas el chirrido,
Y al dulce ruiseñor cantando amores;
Y las de mil colores,
Nubes blancas, y azules, y de oro,
Que el cielo a trechos pintan:
La blanca luna, el estrellado coro
No veis, y negras sombras a lo lejos,
Y entre luz y tinieblas confundidos
El horizonte terminar perdidos
Negros velos y espléndidos reflejos?
Y la noche y la aurora...
Pues entonces... Mas basta, que yo ahora
Del rezo o juramento
Que allá entre dientes pronunció la vieja,
Así como el que deja
Senda escabrosa que acabó su aliento,
Al llegar a este punto me prevalgo
Y de este canto y de su historia salgo.

# Notas

1. *Las notas indicadas por Espronceda o que aparecen en la primera edición van numeradas correlativamente entre ( ).*
2. *Las notas del encargado de la edición van numeradas correlativamente en exponente.*

## 1. Del autor

(1) En una de las sesiones de esta última legislatura tuvo el egregio conde la llaneza de decir que había erigido a la gloria de su patria un monumento en su *Historia de la revolución de 1808.* (*N. de la 1.ª ed.*)

(2) Todo el mundo sabe que el marqués de Villena se hizo picar y encerrar en una redoma para renacer inmortal: tengo para mí que ha de ser fastidioso y dulzón al paladar el picadillo de sabio. (*N. de la 1.ª ed.*)

(3) Este canto es un desahogo de mi corazón; sáltelo el que no quiera leerlo sin escrúpulo, pues no está ligado de manera alguna con el poema. (*N. del A.*)

(4) El escribano al verdugo en la jerga de la cárcel.
(5) Viuda, la horca.
(6) Mojar, dar puñaladas.
(7) Lumia, mujer de mala vida, ramera.
(8) El dinero.
(9) Joven, nuevo.
(10) Juez. No te gruñirá el bari; el juez.
(11) Delator.
(12) Hablar más de lo que conviene.

(13) Comer.
(14) Diablos.
(15) Grito con que en la cárcel llaman al preso que ponen en libertad. El mismo grito sirve para llamarlo y ponerlo en capilla.
(16) Si modelo y dechado de todas las virtudes son el mayor número de nuestros sacerdotes, en todos los tiempos, y especialmente en los malaventurados que corren, ha habido y se encuentran algunos miserables, hez y escoria de tan respetable clase. El lector se acordará tan bien como nosotros de haber hallado en su vida alguno que, haciendo gala de su desvergüenza, se parecía quizá al mezquino ente que aquí tratamos de describir.

## 2. Del editor

Después de escritas estas páginas llega a mis manos un folleto del Profesor Robert Marrast (*Espronceda: Articles et discours oubliés. La Bibliothéque d'Espronceda*; Presses Universitaires de France, 1966) en el que recoge los cinco discursos pronunciados por el poeta en las Cortes y que no se habían vuelto a imprimir desde que lo hiciera Rodríguez Solís en 1883. Para quien desee formarse una idea más precisa de la ideología de Espronceda, los discursos tienen verdadero interés (especialmente el relativo al arancel de algodones) y constituyen un excelente complemento a los dos artículos que con el título de *Política General* incluye la edición de *Obras Completas* de la BAE y al interesantísimo folleto *El Gabinete Mendizábal*. A propósito de este último, creo que nadie ha llamado la atención sobre una frase («El instinto del hombre es su conservación; de aquí su deseo de mejorar y su derecho de encontrar en la sociedad de que hace parte los medios de subsistir, según su capacidad y su aplicación»), en cuyas últimas palabras hay un reflejo muy directo del lema sansimoniano «*A chacun selon sa capacité, a chaque capacité selon ses oeuvres*» que *Le Globe*, el periódico de la secta, hizo famoso a partir de 1830. Sería interesante rastrear la posible existencia de otros ecos sansimonianos en la obra de Espronceda. El profesor Marrast ha publicado posteriormente *José de Espronceda et son temps* (Editions Klincksieck, 1974). Gracias a esa obra sabemos ahora bastante más acerca de la vida y de las ideas de Espronceda.

[2] Aunque la selección de composiciones que se incluye en esta primera sección no se ajusta a un orden rigurosamente cronológico, se ha pretendido dar, hasta cierto punto, una idea general de la evolución poética de Espronceda.

[3] Restituimos a este poema su título primitivo, sin el cual las alusiones a Luis Felipe y Napoleón quedan un tanto desvaídas, lo mismo que el contexto histórico dentro del cual fue escrito. Habitualmente se le edita con el título de *A la degradación de Europa*.

# Indice

Prólogo ... ... ... ... ... ... ... ... ... ... ...   7

Poesía ... ... ... ... ... ... ... ... ... ... ...  21

El estudiante de Salamanca ... ... ... ...  61

El diablo mundo ... ... ... ... ... ... ... ...  123

Notas ... ... ... ... ... ... ... ... ... ... ... ...  317